일제침탈사 바로알기 19

'동화'라는 양날의 검

일제강점기 '내선결혼' 정책과 그 실상

● 이정선 지음 ●

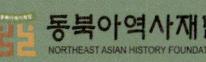

발간사

　일본이 한국을 침탈한 지 100년이 지나고 한국이 일본의 지배로부터 벗어난 지 70년이 넘었건만, 식민 지배에 대한 청산은 이루어지지 못하고 있습니다. 일본의 독도영유권 주장은 도를 넘어섰습니다. 일본은 일본군'위안부', 강제동원 등 인적 수탈의 강제성도 인정하지 않고 있습니다. 일본군'위안부'와 강제동원의 피해를 해결하는 방안을 놓고 한·일 간의 갈등은 최고조에 이르고 있습니다. 역사문제를 벗어나 무역분쟁, 안보위기 등 현실문제가 위기국면을 맞고 있습니다.
　한·일 간의 갈등은 식민 지배의 역사를 어떻게 볼 것인가 하는 역사인식에서 기인합니다. 역사는 현재와 과거의 대화이며 이를 기반으로 미래로 나아갈 수 있습니다. 과거 침략의 역사를 미화하면서 평화로운 미래를 말하는 것은 불가능합니다. 식민 지배와 전쟁발발의 책임을 인정하지 않고 반성하지 않으면 다시 군국주의가 부활할 수 있고 전쟁이 일어날 위험성도 배제할 수 없습니다. 미래지향적 한일관계를 형성하고 나아가 동아시아의 평화와 번영의 기틀을 조성하기 위해 일본은 식민 지배의 책임을 인정하고 그 청산을 위해 노력해야 할 것입니다.
　식민 지배의 역사를 청산하기 위해서는 식민 지배는 어떻게 이루어졌는지 그 실상을 명확하게 규명하는 일이 긴요합니다. 그동안 일본제국주의에 맞서 조국의 독립을 위해 헌신한 독립운동가들의 활동을 찾아내고 역사적으로 평가하는 일에는 상당한 성과를 거두었습니다. 반면 일제 식민침탈의 구체적인 실상을 규명하는 일에는 충분한 노력을 기울이지 못했습니다. 제국주의가 식민지를 침탈했다는 것은 너무나 당연한 사실로 여겨졌기 때문에, 굳이 식민 지배에서 비롯된 수탈과 억압, 인권유린을 낱낱이 확인할 필요가 없었는지도 모릅니다. 그러는 사이 일본은 식민 지배가 오히려 한국에 은혜를 베푼 것이라고 미화하고, 참혹한 인권유린을 부인하는 역사부정의 인식을 보이는 데까지 이르고 있습니다. 일제의 통치와 침탈, 그리고 그 피해를 종합적으로 조사하고 편찬할 필요성이 여기에 있습니다.

  일제침탈사를 체계적으로 정리하는 일은 개인이 감당하기 어렵습니다. 이에 우리 재단은 한국학계의 힘을 모아 일제침탈사 편찬위원회를 꾸렸습니다. 편찬위원회가 중심이 되어 일제의 식민지 침탈사를 정치·경제·사회·문화 모든 방면에 걸쳐 체계적으로 집대성하기로 했습니다. 일제 식민침탈의 실체를 파악하기 위해 2020년부터 세 가지 방면으로 사업을 추진하고 있습니다. 하나는 일제침탈의 실상을 구체적이고 생생한 자료를 통해서 제공하는 일로서 〈일제침탈사 자료총서〉로 편찬합니다. 다른 하나는 이들 자료들을 바탕으로 연구한 결과물을 〈일제침탈사 연구총서〉로 간행합니다. 그리고 연구의 결과를 대중들이 이해하기 쉽게 〈일제침탈사 교양총서〉를 '바로알기' 시리즈로 간행합니다. 자료총서 100권, 연구총서 50권, 교양총서 70권을 기본 목표로 삼아 진행하고 있습니다.

특히 교양총서는 '바로알기'라는 이름으로 우리 중학교, 고등학교 학생들도 어렵지 않게 읽을 수 있도록 제작했습니다. 오랫동안 학계에서 공부해 온 전문가 선생님들이 일제 침탈과 관련된 다양한 주제를 집필해 주셨습니다. 이해하기 쉽도록 해당 주제를 사안별로 나눠 집필해서 가독성을 높였고, 사진과 도표로 충분히 곁들였습니다. '바로알기' 시리즈를 통해 많은 시민과 학생들이 제국주의 일본의 한반도 침탈과 그로 인한 피해 실상을 바로 알 수 있게 되기를 바랍니다.

2023년 4월
동북아역사재단 이사장

차례

발간사 • 2

I. 일본의 조선인 동화정책과 '내선결혼'
　1. 어떤 결혼식　8
　2. 결혼을 통한 동화의 양면성　13

II. 조선총독부의 '내선결혼' 정책
　1. 차별을 보이지 않게 하라　18
　2. 선전 ①: 민족 간 사랑의 연쇄　23
　3. 선전 ②: 완전한 하나가 되는 길　27
　4. 적극 장려하지는 않겠다　31

III. 당사자의 '내선결혼' 동기와 가정생활
　1. 정치적 조건의 합치　36
　2. 경제적 조건의 합치　41
　3. 일제에 저항하는 사람들　46
　4. '내선결혼' 가정의 생활양식　50

Ⅳ. '내선결혼'을 둘러싼 사회문제
   1. 부모와 사회의 반대　58
   2. 법률혼 밖의 관계들　63
   3. 거짓과 폭력의 아수라장　69
   4. 혼혈 자녀의 정체성 문제　74

Ⅴ. '내선결혼' 정책의 파탄과 그 이후
   1. '내선결혼' 증가에 대한 기대와 우려　80
   2. 일본인의 순수성을 보호하라　87
   3. 해방 이후 '내선결혼' 가족의 행방　95
   4. 지금 '내선결혼'을 다시 생각하기　101

참고문헌 • 106
찾아보기 • 107

I

일본의 조선인 동화정책과 '내선결혼'

1
어떤 결혼식

1920년 4월 28일, 이은(李垠)과 나시모토노미야 마사코(梨本宮方子)의 결혼식이 일본 도쿄(東京)에서 열렸다. 한국인과 일본인 사이의 평범한 국제결혼처럼 보일 수도 있지만, 당시 이 결혼에는 세간의 이목이 쏠렸다. 우선 두 사람은 황실의 일원이었다. 이은은 대한제국 황제 고종의 아들로 영친왕에 책봉되었으며 순종이 즉위한 1907년에는 황태자의 지위에 올랐다. 대한제국의 국권을 일본에 빼앗김에 따라 대한제국 황실은 이왕가로 격하되고 이은도 황태자에서 왕세자가 되었지만, 왕위 계승 서열 1위라는 점에는 변함이 없었다. 나시모토노미야 마사코는 일본 국왕의 방계 혈족인 궁가(宮家)의 일원으로서 여왕이라는 칭호로 불렸다.

사람들이 이들의 결혼에 주목한 보다 중요한 이유는 한국과 일본의 특수한 관계 때문이었다. 대한제국은 1910년 강제병합조약으로 국권을 잃고 일본제국의 식민지 '조선'으로 편입되었다. 대한민국은 당시 조약이 처

영친왕 부부의 결혼 기념사진 조선 상복을 입은 영친왕 부부

출처: 국사편찬위원회 우리역사넷

음부터 성립하지 않았다고 보지만, 당시 국제사회는 일본의 편이었다. 그 결과 조선과 일본 본토는 일본제국이라는 하나의 국가에 속했다. 그러나 제국의 본토와 식민지, 원래의 일본인과 한국인(조선인) 사이에는 넘을 수 없는 벽이 있었고, 일본 본토와 일본인에 비해 식민지 조선과 조선인은 차별받는 위치에 있었다. 구별과 차별이 엄연히 존재하는 가운데, 일본의 정치인들은 조선인을 차별하지 않으며 조선인을 일본인과 같게 만드는 것이 조선 통치의 근본 방침이라고 했다. 이를 '동화정책'이라고 한다. 일본인과 조선인이 결혼하는 것도 동화정책의 한 방법이었다. 그래서 이은과 나시모토노미야 마사코의 결혼식은 일본의 식민지가 된 조선과 일본

의 결합을 상징하는 사건이 되었다.

　조선총독부의 기관지 『매일신보』는 1916년 8월 영친왕 부부의 결혼이 결정되자 "조선 민족 전체의 행복"이라고 칭송했다. 지금은 일본과 조선의 민족을 구별하지만 원래는 같은 민족이었으니 전혀 이상하지 않은 결혼이며, 앞으로 황실을 본받아 일본인과 조선인이 결혼해 갈 것이므로 민족의 구별을 근본적으로 제거하고 동화의 대기초를 만들 수 있을 것이라는 이유였다. 조선인이 이러한 주장을 기쁘게 받아들였을 리는 없다. 그러나 감시와 통제가 심한 국내에서는 대놓고 반대하는 목소리를 내기 어려웠다. 대신 해외에서 발행한 신문에서는 조선인의 솔직한 마음들을 엿볼 수 있다. 1920년 5월 재미 교민단체 국민회의 기관지 『신한민보』는 이 결혼을 "한국에 대한 치욕"이라고 보도했다. 중국 상하이 대한민국임시정부의 기관지 『독립신문』도 국내 언론이 호들갑을 떠는 것과 달리 우리 국민들의 태도는 냉담했다고 보도했다. 이은과 나시모토노미야 마사코의 결혼이 정치적인 목적에서 결정된 만큼, 찬성하는 쪽이든 반대하는 쪽이든 모두 이 결혼을 한국과 일본의 영구 결합, 조선인과 일본인의 동화라는 렌즈를 통해 바라보았다.

　이 책에서는 일제시기 일본인과 조선인의 결혼, 즉 '내선결혼(內鮮結婚)'에 대해 살펴보고자 한다. '내선결혼'은 사실 차별적인 용어이다. 당시 일본인들은 일본을 제국의 본토라는 의미에서 '내지(內地)'라고 부르고, 일본인을 그에 속한 사람이라는 의미에서 '내지인(內地人)'이라고 불렀다. 식민지는 각각 '조선', '대만'이라고 불렸고, 그에 속한 사람들도 '조선인', '대만인'이라고 불렸다. 하지만 한반도에서 살아온 조선인들에게는 한반도가 본토이기 때문에 반대로 조선을 '내지', 일본 열도는 그냥 '일본'이라고 부르곤 했다. 또 '조선인'의 일본어 발음인 '조센징'은 그 자체로 상대방을 멸시하고 공격하는 혐오 발언이었다. '내선결혼'은 '내지인'과 '조선인'에서 한 글자씩 따와서 두 민족의 결혼을 가리키는 용어이다. 따라서 일본인 중심적인 시각, 조선인에 대한 차별적인 시각이 들어 있는 것이다. 바람직한 용어는 아니지만 그만큼 역사적 진실을 담은 용어이기도 하다. 현대의 국제결혼은 국적이 다른 사람들이 결혼하는 일로, 이때 두 사람이 속한 국가는 서로 대등하다. 하지만 일제시기 조선인과 일본인은 모두 일본 국적을 가진 사람들로 간주되었고, 식민지 조선(인)과 본토 일본(인)은 결코 대등하지 않았다. 이러한 차이를 드러내고자 이 책에서는 역사 용어인 '내선결혼'을 그대로 사용하되, 따옴표를 붙여서 쓴다.

「이왕세자 어혼의(御婚儀)」

… 다만 이왕가의 경사(慶事)뿐 아니라 오히려 조선 민족 전체의 행복이라 할지니 왜 그러한고, 이것이 소위 일선(日鮮) 민족의 구별을 근본적으로 제거하고 일선 민족 동화의 대기초를 지금부터 축조하는 까닭이라. … 대다수 되는 조선 민족의 혈(血)은 일본인 사이에 혼합히였을 뿐 아니라 … 일본 황실로서 이미 조선 민족의 혈을 더하신즉, 왕세자 전하와 이본궁(梨本宮) 여왕 전하의 어혼의는 결코 이상한 일이 아니오, 바꾸어 말하면 고례(古例)를 오늘에 복구함이라 하겠도다. 일한병합으로써 일선 민족의 구별이 제거되었다 할지라도 우리는 그 이전에 일한 양 황족 간에 결혼의 논의(議)가 있던 때에 이미 일선 민족의 구별을 안중에 두지 아니하였다 하노니, 이로 보건대 최초부터 양 민족의 구별이 없음을 증명함이라. 그러한즉 이는 조선 민족의 행복뿐 아니라 다시 나아가 일본 민족의 행복이라 하지 않겠는가. … 일본과 조선이 영구히 한 가족이 된다는 이상은 실지로 드러날 것이 의심할 바 없고 내선인의 결혼에 모범(範)을 보여 점차 실행될 것은 가히 단언할지라. …

출처: 『매일신보』, 1916. 8. 4 (윤문)

「한국 구 황실 황태자 혼례식」

… 이 혼례는 한국에 대한 치욕이라. 한국 황자와 일본 귀족이 결혼할 수는 있고 그것을 누가 시비할 것은 없지마는, 다만 그 혼례는 한국 구 황제 폐하가 원하지 아니하던 바로 일본 무력 밑에서 억지로 된 혼인이니 그 까닭으로 이 혼인은 치욕이라. …

출처: 『신한민보』, 1920. 5. 4 (윤문)

「전(前) 황자 이은과 일본 여왕의 결혼」

… 적의 관료들과 2~3의 친일파(鬼類)가 위와 같은 피상적이오, 무책임한 태평가(太平樂)를 짖어대는 동안에 한편 경성 중앙에서는 이를 냉혹히 부정하는 분위기(諷示)의 사실을 연출하였다. 적지(敵紙)의 보도에 따르건대, 28일 이은의 성혼일을 경축하기 위하여 경성 왜(倭)의 부청과 경기도지사에게서 각 한민(韓民)에게 당일 적기(敵旗)를 게양하라고 경고하였으나 당일에 한인(韓人) 측에서는 한 사람도 왜기(倭旗)를 게양한 자가 없으므로, 오후에 이르러서는 적 관헌은 강제로 한인에게 적기를 게양케 하며 만일을 경계하기 위하여 기마대 경관이 출동하고 부내 각처에 특별 경비가 있었다고. …

출처: 『독립신문』, 1920. 5. 8 (윤문)

2
결혼을 통한 동화의 양면성

　식민지 통치의 방침은 크게 자치주의(특별통치주의)와 동화주의로 나뉜다. 자치주의를 채택한 영국은 경제적 이익만 추구해서 식민지의 언어, 문화, 종교 등을 굳이 바꾸려 하지 않았고, 통치 방식도 총독의 독재부터 식민지의회의 자치까지 현지의 상황에 따라서 다양했다. 동화주의를 채택한 대표적인 나라는 프랑스이다. 프랑스는 식민지에 본국의 제도를 이식하고 식민지민에게도 본국의 언어와 문화를 강제해서 본국과 식민지가 하나로 통합되는 것을 지향했다.

　일본 식민정책학의 선구자 니토베 이나조(新渡戶稻造) 도쿄제국대학 교수는 동화정책을 원주민을 모국과 같은 풍속, 습관, 종교 등으로 만들려는 정책이라고 정의했다. 식민지민을 제국의 본국민과 같게 만드는 것이 동화정책의 핵심이었다. 주요 수단은 언어의 강제와 통혼이었다. 실제로 제국과 식민지 사람들 사이의 결혼을 장려한 나라들이 있다. 포르투갈은

1511년 말레이시아를 정복한 후 본국 여성의 말레이시아 도항을 금지했고, 포르투갈인과 결혼한 말레이시아인에게는 토지, 가옥, 가축 등을 제공했다. 프랑스도 17세기 북아메리카에서 현지인의 딸을 프랑스인 남성의 배우자가 되기에 적절한 사람으로 키우기 위해 수녀원에 보내도록 장려했다. 식민지를 동화하기 위한 수단으로 대개 식민지로 이주한 본국 남성과 현지 여성의 결혼을 장려했음을 알 수 있다. 그러나 18~19세기에는 인종차별주의가 성행했다. 그러자 대부분의 서구 제국은 통혼 장려 정책을 철회했고, 나아가 인종 간의 결혼을 금지하는 법령을 만들기도 했다.

이러한 사실을 감안하면 일본의 조선 식민 통치정책은 꽤 특이하다. 이미 서구의 제국이 동화정책과 통혼 장려 정책을 포기했는데도 후발 제국주의 국가인 일본은 오히려 동화주의를 채택하고 일본인과 식민지민의 결혼을 바람직하다고 선전해 댄 것이다. 이를 이해하기 위해서는 일본인 역시 백인종에게 차별당하는 황인종이었고, 대만(1895)과 조선(1910) 등 인종이 같은 아시아의 지역들을 식민지로 삼았다는 점을 기억해야 한다. 일본은 유럽의 제국과 아시아·아프리카의 식민지 사이에는 차이가 너무 커서 동화에 실패했지만, 일본과 대만·조선은 지리적·인종적·문화적으로 가까워서 동화될 수 있다고 주장했다. 게다가 일본이 대한제국의 국권을 빼앗은 명분은 서구의 아시아 침략에 맞서 황인종끼리 뭉쳐야 한다는 것이었다. 아시아 황인종의 지도자를 자처한 일본의 입장에서 식민지민을 노골적으로 차별하기도 어려웠다. 일본은 동화정책이 아닌 다른 것을 선택할 수 없었고 서구와 달리 동화에 성공할 수 있다고 믿었다.

물론 식민 통치의 본질은 민족 차별이다. 통혼은 식민지민을 동화하기 위한 수단이기도 하지만 일본인과 식민지민의 법제적·문화적·혈연적 경계를 흔들어 식민 통치를 위협하는 요소이기도 했다. 언어를 강제하는 것은 조선인에게 일본어를 가르치기만 하면 된다. 하지만 결혼은 사람의 평생을 좌우하는 사건인데다 '내선결혼'을 하려면 조선인 한 명에 일본인도 한 명 필요하다. 또 조선인과 일본인이 한 가족이 되면 조선인만 일본 문화를 받아들이는 것이 아니라 일본인 역시 조선 문화를 어느 정도 받아들일 수밖에 없다. 자녀도 부모 모두의 피를 받는다. 언어의 강제는 일방적일 수 있지만 통혼은 언제나 쌍방향으로 두 집단 모두에 영향을 미쳤다.

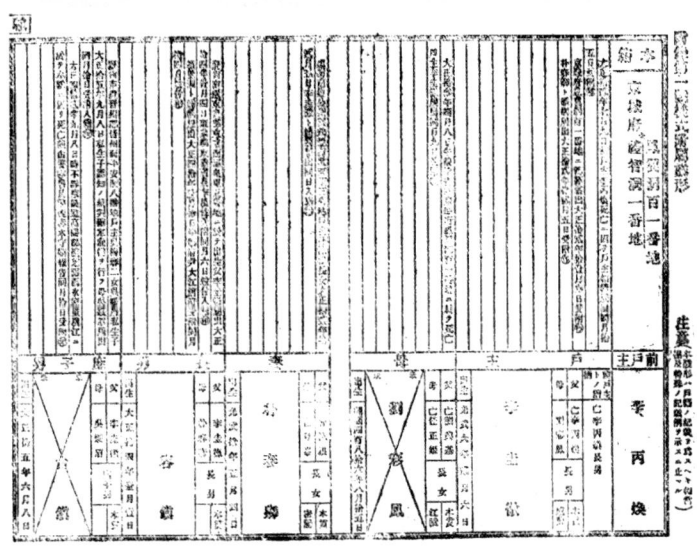

조선 호적 기재례
가족(※) 구성원들을 같은 호적에 기재했으므로 호적은 가족관계를 증명하는 역할을 했다. 호적은 오른쪽에 호주를 적은 다음, 나머지 가족을 어머니, 처, 장남 등 호주와의 관계에 따라 기재한다.
출처: 『조선총독부관보』, 1923. 3. 27, 호외 「조선총독부훈령 제15호 조선호적령시행수속」

일본은 일본인과 조선인을 호적으로 구별했다. 호적제도에서 가족은 호주를 기준으로 만들어지는 한 장의 호적에 기록된다. 자녀가 태어나면 보통 아버지의 호적에 올리고 딸은 결혼하면 아버지의 호적에서 남편의 호적으로 옮겼다. 아버지가 사망하면 아들이 뒤를 이어 호주가 되었다. 이러한 방식 때문에 부모가 모두 조선인이고 조선인과 결혼하는 보통의 조선 사람들은 평생 조선인 신분이었다. 그런데 1920년대 '내선결혼'을 통해 조선인이 일본인이 되거나 일본인이 조선인이 될 수 있는 길이 열렸다. 조선인이 배우자의 일본 호적으로, 또는 일본인이 배우자의 조선 호적으로 옮길 수 있었기 때문이었다. 식민 통치 당국은 '강제병합조약' 이후 이 제도를 시행하기까지 10년 넘게 일본인과 조선인을 법적으로 어떻게 나누어야 할지 고민했다. 요컨대 '내선결혼' 정책은 조선인에 대한 동화 정책이자 일본인과 조선인 사이의 경계를 흔드는 양면적인 정책이었다.

II

조선총독부의 '내선결혼' 정책

1

차별을 보이지 않게 하라

한국인이 일본인과 결혼한 사례는 강제병합 이전부터 있었다. 대한제국은 한국인이 외국인과 결혼했을 때 국적을 어떻게 할지 논의했고, 1909년 '민적법(民籍法)'이 시행되었을 때는 한국인 남성과 결혼한 일본인 여성도 민적에 기재했다. 그런데 조선총독부는 1911년에 이를 중단시켰다. 혼인 또는 입양으로 조선인은 일본인의 호적(家)에 들어갈 수 있지만 일본인은 조선인의 민적에 기재하지 않기로 한 것이다. 얼핏 보면 조선총독부가 '내선결혼'에 부정적이었던 것처럼 생각할 수도 있다. 하지만 사실은 일본과 조선의 법령 차이를 어떻게 정리해야 할지 아직 결정하지 못했기 때문에 일단 멈춘 것이었다. 당시 일본 정부와 조선총독부는 어느 때보다 '내선결혼'에 낙관적이었다. 이후 조선총독부 주도로 2단계에 걸쳐 관련 법령이 완비되었다.

'내선결혼' 법령이 정비되는 과정에 세 가지 주목할 점이 있다. 첫째, 조선총독부는 조선인이 차별당한다고 생각할까 봐 전전긍긍했다. 1911년 조선총독부의 조치로 조선인 남편과 결혼한 일본인 아내가 민적에 기재되지 않자 부부 관계를 증명할 방법이 없었을 뿐 아니라 자녀도 혼외 자녀 취급을 당했다. 당사자인 조선인 남성이 불만을 토하자 조선총독부는 1915년 관통첩 제240호로 일본인 처를 민적에 기재하게 했다. 『매일신보』는 "일본 부인 조선 남자 간의 결혼은 당연히 하여도 상관이 없음을 가히 알 일이로다"(1915년 8월 14일 자)라고 보도했다. '내선결혼'을 못하게 한다고 '오해'하는 이들에 대한 변명이다. 그러나 여전히 법령 차이가 정리되지 못한 상태였으므로 일본 정부는 조선총독부의 조치를 무시했다. 조선총독부는 안 될 걸 알면서도 조선인의 불만을 막기 위해 조치를 취한 것이다. 법령 차이는 '공통법(1918)'으로 해결되었다. 원래 일본 정부가 마련한 공통법의 초안은 조선인을 외국인처럼 취급하려 했다. 이를 본 조선총독부는 조선인에게 일본인과 동등하게 대우받을 수 있다는 확신을 주지 않으면 민심이 떠날 것이라면서 수정을 요청했다. 이처럼 조선총독부는 늘 차별대우에 대한 조선인의 반응을 살폈다.

둘째, 조선총독부의 우려가 반영된 듯, 실세 '내선결혼' 법령에서 민족 차별적인 요소는 겉으로 드러나지 않는다. 다음은 '내선결혼'과 관련되는 일본의 공통법(1918) 제3조의 내용이다.

① 한 지역의 법령에 의해 그 지역의 '이에'(家)에 들어가는 자는 다른 지역의 '이에'를 떠난다.
② 한 지역의 법령에 의해 '이에'를 떠날 수 없는 자는 다른 지역의 '이에'에 들어갈 수 없다.

③ 육해군의 병적에 있지 않은 자와 병역에 복무할 의무가 없게 된 자가 아니면 다른 지역의 '이에'에 들어갈 수 없다. 단, 징병종결처분을 거쳐 제2국민병역에 있는 자는 여기에 해당하지 않는다.

출처: 『조선총독부관보』, 1918. 4. 22, 「법률 제39호 공통법」

이때 '이에(家)'는 호주와 가족으로 구성되는 한 가족을 말하고, 한 가족은 하나의 호적에 기재되므로 '이에'를 '호적'으로 바꿔 읽어도 좋다. ①은 조선인 남성과 혼인해서 남편의 조선 호적에 들어간 일본인 여성은 일본 호적에서 떠난다는 뜻이다. 일본인 남성과 혼인해서 남편의 일본 호적에 들어간 조선인 여성도 마찬가지이다. ②와 ③은 호주 상속 예정자 또는 병역 의무가 있는 일본인 남성은 다른 지역의 호적에 들어갈 수 없다는 제한이다. 약간의 제한은 있지만, 공통법은 조선인과 일본인 사이의 가족관계를 온전히 인정하겠다는 취지의 법이다.

셋째, 그럼에도 이 법은 차별적이었다. 일본 정부는 공통법 초안에서 일본인과 조선인 사이에 국적법을 적용하려고 했다. 하지만 조선총독부는 일본인과 외국인 관계를 다루는 국적법을 일본인과 조선인 관계에 적용하면 안 된다고 반대했고, 위와 같이 공통법 제3조가 제정되었다. 공통법 초안에는 국가의 허가를 받아야 하는 관계도 일부 있었는데 최종적으로 모두 신고만 하면 가능하게 했다. 이에 따라 가족관계는 자유로워졌다. 혼인뿐만 아니라 입양, 인지(認知), 친족입적(親族入籍) 등 호적제도에서 허용되는 일반적인 가족관계라면, 어떤 관계를 통해서든 호적을 옮길 수 있게 되었다. '내선결혼'을 비롯해서 두 민족 사이의 가족관계는 장려할 만한 일이라고 판단했기 때문이었다. 한편, 공통법 초안에는 가족관계외에도 국적법의 귀화처럼 허가를 받아 조선인이 일본인이 될 수 있는 길도 열려 있었는데 끝내 삭제되었다. 이로써 조선인은 조선 호적에, 일본인은 일본 호적에 기재하고 이동을 차단한다는 원칙이 분명해졌다. 일본 정부와 조선총독부는 공통법을 제정하며 일본인과 조선인은 외국인보다 가깝고 조선인 차별은 없다고 주장했다. 하지만 호적으로 엄격히 구별한 것이야말로 분명한 차별이었다.

공통법 제3조는 1921년 조선총독부령 제99호 '조선인과 일본인의 혼인의 민적 절차에 관한 건'과 함께 시행되었고, 1922년 조선총독부령 제154호 '조선호적령'이 시행된 1923년 7월부터 온전히 작동했다.

「공통법규 제정의 건(共通法規制定ノ件)」(1915. 2. 17)

발신: 조선총독부 관방 총무국장 / 수신: 일본 내무성 지방국장

… 본안(本案) 제1조에서 국적법 및 1898년(메이지 31) 법률 제21호를 원용하신 것은 법률적 견지에서 보자면 대체로 이의를 개재할 바 아닌 것 같지만, 이 법률은 섭외적 관계하에 제정된 것이므로 국내의 공통법규로서는 적절하지 않은 조항이 많고 도리어 그 적용에 망설이는 듯한 경우를 발생시킬 뿐 아니라, 병합 이래 조선인 등은 점차로 내지인과 동등한 대우를 향유할 수 있을 것이라는 확신으로 그 자리를 찾아가고 있음에 즈음하여 본안과 같이 내지인과 조선인의 신분 관계에 이 법률을 준용할 때는, 혹은 그들 사이에 영원히 외국인 취급을 받는 것 같은 오해를 생기게 하여 그 지위에 대해 의혹의 구렁텅이에 빠지고 불안의 지경에서 방황하게 할 우려가 있어서 정책상 시의(時宜)적절하지 않기 때문에, 이 법률 중에 필요한 조항은 취하고 불필요한 것은 버림으로써 본안 중에 별도의 규정을 두어 국적법 및 전기(前記) 법률 제21호의 준용을 피하게 하기를 바란다. 그리하여 이 법률의 조항 취사선택에 관해서는 적어도 다음의 사항들(諸点)을 고려하시기를 바란다.

(1) 귀화의 조건을 취해 국내 간의 전적(轉籍)을 규율하는 것은 불가하다. 따라서 원칙적으로는 전적의 자유를 인정하되, 감독, 기타 특수한 사정 아래 다소 제한을 두는 것으로 하고 싶다. (중략)

(6) 1898년(메이지 31) 법률 제21호는 외국인을 양자(養子) 또는 입부(入夫)로 삼으려는 경우에 대한 규정이기 때문에 이와 같이 제한할 필요가 있어도, 우리 영토 내의 인민 상호 관계에서는 그럴 필요가 없다. 그뿐만 아니라 조선에서 내지인이 조선인을 양자 또는 입부로 삼고자 하는 경우에도 역시 조선인이 그 제2조의 조건을 구비해야 한다면 많은 경우 입양(緣組) 또는 혼인을 성립시키기에 하등 지장이 없음에도 도리어 이를 할 수 없게 끝내 버리는 결과를 가져올 것이므로, 본 법률을 적용하는 것은 제거(除却)하고 싶다.

출처:『共通法規調査委員長上申共通法案法制局へ回付ノ件』
(일본국립공문서관 소장, 2A-014-00·纂01346100) (번역)

2
선전 ①: 민족 간 사랑의 연쇄

　1919년 3·1운동으로 조선인들의 민족적 저항을 경험한 일본에서는 조선에 대한 통치 방식을 바꿔야 한다는 주장이 제기되었다. 지금까지처럼 해서는 동화시키지 못할 것이라고 생각했기 때문이다. 이에 따라 일본은 조선에 대한 통치 방식을 무단통치에서 문화통치로 바꾸었다. 문화통치의 목표는 조선인에게 정치·경제적 이익을 주어서 일본의 일부임을 긍정하게 하고, 두 민족 간의 상호 이해와 친밀도를 높여서 우선 조선인의 마음을 얻는 것이었다. 이는 저항을 최소화하려는 방책이었다. 이러한 방침은 '내선융화(內鮮融和)'라는 구호로 표현되었다.
　조선총독부는 1920년대 '내선결혼'을 내선융화의 상징으로 선전했다. 결혼이야말로 두 민족이 친밀한 관계임을 나타내고 영원히 하나가 될 것을 약속하는 일이었다. 1920년 4월 영친왕 이은과 나시모토노미야 마사코의 결혼은 가장 좋은 선전 재료였다. 조선총독부 기관지들은 이들 부부를 내선 일가의 친밀함을 표현한 '동화의 살아 있는 모범'이라고 칭송하고, 앞으로 일반 백성들도 황족을 본받아서 통혼을 하면 일본과 조선의 관계가 더욱 깊어지리라고 떠들어 댔다.

조선총독부는 1921년 공통법 제3조와 조선총독부령 제99호의 시행을 전후로 '내선결혼'에 대한 선전을 본격화했다. 그제서야 일반인도 법령의 제한 없이 자유롭게 혼인할 수 있게 되었기 때문이다. 이때 '내선결혼'은 '사랑의 연쇄책'이라고 설명되었다. 결혼은 사랑하는 사람들이 연애해서 하나가 되는 일이다. 그러고 나면 양쪽의 가족·친척들도 서로 소통하고 점차 친근한 사이가 된다. 자녀가 태어나면 아이의 장래를 위해서 양쪽 집안이 더욱더 끈끈하게 결합한다. 조선총독부는 '내선결혼'을 통해 일본인과 조선인 사이에서도 이러한 일이 벌어질 것이라고 기대했다. '내선결혼'은 당사자는 물론 민족 전체를 융화하고 친밀하게 만드는 지름길이었다. 조선총독부는 내심 '내선결혼'으로 통혼 가정이 일본인화되기를 기대하기도 했지만, 적어도 공식적인 선전에서는 일본인화보다 사랑의 연쇄를 통해 양 민족이 영원히 결합하기를 요구했다.

조선총독부는 '내선결혼'을 내선융화를 위한 지름길이라고 선전하는 동시에 '내선결혼' 부부의 수가 증가한다는 조사 결과를 공표하면서 내선융화가 진전되어 간다고 자랑했다. '내선결혼'은 내선융화를 촉진하는 수단이면서 그 성과를 보여 주는 증거였다. 이러한 조선총독부의 선전에 호응해서 '내선결혼'을 실천하는 조선인도 등장했다. 경기도 참여관 김윤정은 1922년 1월 『매일신보』를 통해 자신의 큰아들과 일본인 여성의 결혼을 알리면서 내선융화를 말로만 외치지 말고 '내선결혼'을 통해 적극적으로 실천하자고 주장했다. 이를 반박하듯 『동아일보』는 뒤따른 사설에서 '내선결혼'을 장려하는 것은 이해득실을 따지는 정략결혼이라고 비판했다. 인생의 중대사인 결혼을 내선융화라는 정치적 목적을 이루기 위한 수단으로 여겼기 때문이다. 1920년대 청년들은 부모가 정해 주는 결혼이 아니라 연애결혼을 이상적인 결혼이라고 생각했다. 조선총독부도 당시 분위기에 맞춰서 '내선결혼'을 사랑의 연쇄책이라고 묘사했다. 하지만 『동아일보』는 연애결혼이라는 이상을 근거로 '내선결혼'을 장려하는 부모와 정치인의 행태를 비판했다.

「내선인 결혼법 실현 미구(未久), 내선융화의 첩경」

… 진정한 내선인의 융화책, 아니 내선인 융화의 첩경은 사랑(愛)의 연쇄책에 있다고 우리(吳人)는 단언하는 바이다. 이로 인하여 내선인의 통혼이 필요함을 극론하는 동시에 항상 피차 사이에 법률상 부부가 되는 특권이 있기를 기대하였도다. … 종래의 내선인 결혼은 민적법이 인정하지 아니하였으므로 하등의 법률상 관계가 있지 아니하였으며 이로 인하여 그 관계가 소위 내연의 부부가 됨에 불과하였도다. 그로써 보건대 실로 내선융화의 대정신에 반하는바 일대 문제라 가히 칭하겠나니 진실로 민적법 및 민사령이 개정되어 발포 실시되는 때에는 내선인의 설혼이 청천백일하에서 사랑을 연쇄게 하는 적극적 책이 되겠으며 동시에 내선융화상으로 볼지라도 실로 경하할 만한 양책(良策)이 되겠도다. …

출처: 『매일신보』, 1921. 2. 4 (윤문)

「(경기도 참여관 김윤정) 일선융화를 논하야 결혼 문제에 급(及)함(하)」

(김윤정은 큰아들을 일본 여성과 결혼시켰고, 또 조선인의 음력 관념을 타파하기 위해서 굳이 음력 12월 그믐날에 결혼식을 올렸다–필자) … 내가 금일 이러한 행동에 나선 것은 물론 내선융화의 열매(實)를 거두고자 함이며 또는 이로써 내선 동포에게 모범을 보여 이후로 왕성하게 내선인의 결혼을 장려코자 함이다. … 총괄적으로 한마디할 것은

우리 조선인은 내지인과 융화하여야 할 것이외다. 융화하려면 혈통의 관계를 맺어야 할 것이외다. 그리고 또 일반으로 음력(舊曆)의 관념을 타파하여야 가(可)하다 하노라. …

출처: 『매일신보』, 1922. 1. 28 (윤문)

「정략결혼을 척(斥)하노라, 공리관념을 파(破)하라」

… 정략결혼을 창도하는 자의 하나는 일선인을 융화함에는 혈통을 혼합함만 한 것이 없으며 그 감정을 긴밀히 함에는 남녀의 결혼을 장려함보다 나은 것이 없다 하야 일선인의 결혼을 장려하며 그 가(可)한 까닭을 선전하는 것이니, 이들이 관찰하는 바는 남녀의 일생대사인 결혼을 일종의 수단으로 인정하며 방편으로 간주하며 정책으로 관찰하는도다. 환언하면 결혼을 인생의 중대사(至重事)로 인정하지 아니하고 그 두 사람(兩人)이 합하야 인생을 완성하는 근본 원인인 줄을 인정하지 아니하고 따라서 인격과 인격이 연애를 중심하야 이해를 중심하야 존경을 중심하야 대의를, 인생 창조의 대업을, 이상 실현의 목적을, 즉 인생 완성의 근본 원인을 이루는 것인 줄을 인정하지 아니하고 일시적 공리에 기본하야 나오는 정책으로 인정하는도다. … 우리(吾人)는 물론 조선인과 일본인이 정의를 중심하야 서로 애호하기를 희망하며 공존공영을 위하야 서로 연락함이 가한 줄을 인정할 뿐 아니라 혹 연애가 있고 이해가 있으면 일본인뿐 아니라 서양인과라도 결혼함이 결코 불가하다 하지 아니하노라. 그러나 일선인의 융화란 일종의 정치적 목적을 실현하기 위하야 혼인을 장려하고 혹 그 자제에게 무리한 결혼을 강제함은 인류의 체면과 양심에 비추어 야비하고도 졸렬(拙劣)한 심사라 단언치 아니치 못할지니, 정치는 정치요 결혼은 결혼이 아닌가. …

출처: 『동아일보』, 1922. 1. 29 (윤문)

3
선전 ②: 완전한 하나가 되는 길

　조선총독부는 1937년 중일전쟁 이후 조선 통치의 목표를 '내선융화'에서 '내선일체(內鮮一體)'로 바꿨다. 조선 총독은 내선일체를 내선융화에서 한발 더 나아가 조선과 일본이 외형, 마음, 피와 살까지 완전히 하나가 되어서 절대 떨어질 수 없는 일체가 된 상태라고 정의하였다. 내선융화가 조선인과 일본인이 사이좋기를 바라는 정도였다면 내선일체는 조선인이 민족의식을 버리고 단지 조선에서 태어난 일본인이라고 생각하며 일본과 생사를 함께하는 정도였다.

　'내선일체'는 서로 손을 잡는다거나 외형(形)이 융합한다거나 하는 그런 뜨뜻미지근한 것이 아니다. 손을 잡는 자는 떨어지면 또 헤어진다. 물과 기름도 억지로 흔들어 섞으면 융합한 형태(形)가 되지만 그것으로는 안 된다. 외형(形)도 마음(心)도 피(血)도 살(肉)도 모두가 일체가 되지 않으면 안 된다.
　출처: 조선총독부, 『조선에서의 국민정신총동원(朝鮮に於ける國民精神總動員)』, 1940, 101쪽

내선일체는 '반도의 일본화'였다. 이 시기에 '내선결혼' 선전의 초점도 바뀌었다. 자유연애는 일본이 적대시하던 영미권의 성적 방종으로 치부되었다. 그와 함께 '내선결혼'도 민족 간의 사랑이나 융화로 설명하지 않고, 통혼을 통해서 조선인의 사상과 생활양식이 일본인화됨을 강조했다. 1940년 12월 『매일신보』는 내선일체를 완성하려면 일본어를 보급하고 '내선결혼'을 장려해야 한다고 주장했다. 그래야 조선인이 모든 사물을 일본어로 생각하고 가정에서부터 일본인처럼 생활하며 황국신민(皇國臣民) 의식을 가질 수 있다는 이유에서였다. '내선결혼'은 조선인의 정신적·문화적 일본인화를 촉진할 수단으로 설정되었다. 그와 함께 조선총독부 기관지는 내선일체의 모범 사례를 보도했다. '내선결혼'을 하고 순 일본식으로 생활해 온 조선인 가정, 일본인 남편이 전쟁에 나갔어도 가정을 지킨 조선인 아내 등이 내선일체의 모범으로 꼽혔다.

또한 '내선결혼'은 말 그대로 조선인과 일본인이 피와 살까지 일체가 되는 유일한 방법이었다. 이 때문에 '내선결혼'은 내선일체화 정책에서 특히 주목받았다. 1940년 시행된 개정 조선민사령과 창씨개명(創氏改名) 정책도 '내선결혼'을 방해하던 제도들을 제거한 것이었다. 국민총력조선연맹은 1941년 총 137쌍의 '내선결혼' 부부에게 표창장과 기념품을 수여했다. 기념품에는 총독이 쓴 '온고지신(溫故知新)'이라는 글자가 담겼다. 온고지신은 옛것을 익히고 그를 통해서 새로운 것을 안다는 의미이다. 당시 조선총독부는 내선일체를 강화하기 위해서 조선인과 일본인이 고대부터 혈연적으로 깊게 교류해 왔음을 부각시키며, 뿌리가 같음을 강조했다. 고대에 이미 피를 섞어 하나가 된 역사를 기억하고, '내선결혼'을 통해서 다시금 하나의 민족이 되자는 의미였다.

경성부 '내선결혼' 부부 표창식

출처: 『매일신보』, 1941. 5. 18

이처럼 내선일체화 정책의 '내선결혼' 장려 선전은 노골적으로 민족 말살 정책의 성격을 드러낸다. 그리하여 『신한민보』는 일본이 '내선결혼'을 장려를 넘어 '강제 단행'하기로 했고, 이는 "한국 사람을 핏줄로부터 왜놈을 만들려는 것"이라고 비난했다(1941년 1월 30일 자). 그러나 이 책의 Ⅰ장에서 다룬 것처럼 결혼을 통한 동화는 양면적이어서 그렇게 단순히 밀어붙일 수만은 없었다.

「내선결혼의 장려」

1. … 왜 내선인 간의 결혼이 필요한가. 내선결혼은 내선일체의 견지로 보아 그 실천 운동에 있어서 제일 먼저 우리가 실행해야만 될 문제이기 때문이다. 내선일체를 완성시키자면 먼저 내선인 간의 사상을 통일시켜야 할 것이며 내선인 간의 사상을 통일시키자면 무엇보다도 먼저 내선인 간의 결혼을 장려하야 우리들의 가정으로부터 참된 황국신민으로서 새로운 출발을 해야 할 것이며 내선인이 한 가족을 이룸으로써 서로 믿고 사랑하고 협력하야 단결을 굳게 해야만 될 것이니, 이는 내선일체를 실현하는 데 근본적 문제가 된다. 그러므로 내선 간 결혼 문제는 구체적으로 또 통제적으로 그 실천 방법을 강구해야만 될 것이라는 것을 절실히 느껴 오던 문제의 하나였다.
2. 내선일체라는 것은 다 아는 바와 같이 융화한다거나 악수한다는 그런 의미의 것이 아니라 내지와 반도가 그 마음과 몸이 서로 한 덩어리가 된다는 것이다. 그러므로 어른과 아이 관계에 있어서나 형제 관계에 있어서나 또는 부부 관계에 있어서 내지와 반도의 차별이 있어서는 안 될 것이니, 현금 우리는 모두 폐하의 적자로서 직역봉공과 신도실천을 다하고자 노력하고 있고, 정치, 경제, 사회, 문화 등 각 생활 부문에 있어서도 또한 국방국가와 신동아공영권 건설을 위하야 일억일심으로 모든 힘을 다하고 있는 이상, 우리들의 가정생활에 있어서 내선 간의 구별이 있다는 것은 모순이 아닐 수 없다. 그뿐만 아니라 역사적 근거로 보더라도 대화 민족과 조선 민족은 동근동조로서 그 혈액이 교류되어 오늘의 내선일체가 약속되어 있는 것이다.
3. 앞에서 말한 바와 같이 내선인 간의 결혼은 가장 타당한 일이요, 또한 현실적으로 급속히 보급시키지 않으면 안 될 문제이로되, 그 실현에 있어서 다소 곤란한 점이 없는 것은 아니다. 그러나 이러한 곤란한 점을 극복하고 타개함으로써만 우리들의 생활은 합리화되고 행복할 것이다. 우리들은 대화 민족의 성격을 체득해야 하고 또 그리하기 위하야는 대화 민족의 문물 양식에 합치하도록 생활을 하지 않으면 안 된다. 먼저 우리는 국어를 일상생활화하야 국어를 사용하고 국어로 사물을 생각하는 동시에 내선 간의 결혼을 장려하야 내선일체를 이름이나 실제에 있어서 실지로 일상생활로 실천함으로써 황국신민 된 의식을 함양해야만 될 것이다.

출처: 『매일신보』, 1940. 12. 19 (윤문)

4
적극 장려하지는 않겠다

　내선일체는 조선인의 일본인화, 민족 말살을 목표로 삼았다. 하지만 일부 조선인은 내선일체를 통해 민족 차별에서 벗어나 일본인과 동등한 대우를 받을 수도 있으리라고 기대했다. 이들은 일본의 동화정책에 호응하여 내선일체를 실현할 방법을 제안하거나 실천한 점에서 친일 협력자라고 할 수 있다. 그러나 그들의 말에도 민족 차별 정책에 대한 비판이 포함되어 있다.
　철저한 내선일체론자로 손꼽히는 현영섭은 1938년 「내선일체와 내선결혼」이라는 글을 발표했다. 이 글에서 그는 조선인과 일본인이 일체가 되어 가려면 자유롭게 사랑해야 한다고 전제하고, 내선일체의 근본일 '내선결혼'을 방해하는 세 가지 요소를 지적하였다. 첫째는 조선인의 경제적 수입이 일본인보다 적은 것, 둘째는 조선인과 일본인이 서로 반목하고 멸시하는 것, 셋째는 '내선결혼'으로 일본인과 그 자녀가 호적상 조선인이 되는 경우가 있는 것이었다. 둘째는 서로 간의 문제이지만, 첫째와 셋째는 조선인의 낮은 사회적 지위 때문에 일본인이 조선인과 결혼하기를 꺼리고 있음을 말한다. 조선 민족에 대한 구별과 차별이 존재하는 한, 조선총독부가 '내선결혼'을 내선융화·내선일체의 수단으로 선전해도 기꺼이 결혼할 일본인은 적었다.

  1938년 9월 조선총독부 시국대책조사회는 내선일체를 강화하기 위한 방책으로 '내선인의 통혼을 장려할 적당한 조치를 강구할 것' 등을 의결했다. 조선총독부는 중추원회의에도 일반 국민의 일상생활에서 내선일체 정신을 실천·구현하기 위한 방책을 물었다. 그러자 중추원의 조선인 참의 다수가 내선결혼을 장려해야 한다고 답했다. 조선총독부의 '내선결혼' 선전에 부합하는 답변이었지만, 한발 더 나아가 직접적·실질적인 장려책도 요구했다. 결혼은 개인의 의사에 따라야겠지만, 그러면 너무 오랜 시간이 걸리니 국가가 나서라고 했다. 관료들에게 통혼을 장려하는 공문을 보내라, '내선결혼'한 사람들을 직업적·사회적으로 우대하고 편의를 제공하라, 조선인에게도 일본인과 동등한 권리와 의무를 부여하라는 등의 구체적인 해결책을 제시하기도 했다. 오늘날 대한민국 정부가 출생률을 높이기 위해 신혼부부나 출산·육아하는 사람들에게 다양한 직·간접적 혜택을 제공하는 것을 생각하면 중추원 참의들이 무엇을 요구했는지 알 수 있다.

  그러나 조선총독부는 어떠한 정책도 시행하지 않았다. 1941년 '내선결혼' 부부에 대한 표창이 가장 적극적인 장려책이었으나, 이것도 일회성에 그쳤다. 강력한 선전에 비해 실체는 빈약했던 셈이다. 왜 그랬을까. 첫째, 일부 조선인이 '내선결혼'을 촉진하려면 민족 차별을 없애야 한다고 요구했지만 일본은 민족 차별을 먼저 없앨 생각이 전혀 없었다. '내선결혼' 부부를 표창했던 국민총력조선연맹의 사무국 총장은 조선인에게 차별 철폐를 희망하기보다는 차별받지 않도록 훈련하고 수양하라고 했다. 그러면 차별은 자연히 없어질 것이라는 거였다. 정부의 비밀 공문서 「내선일체의 이념 및 그 구현 방책 요강」에서도 '내선결혼'은 내선일체화의 결과이지 전제가 아니라고 단언했다. 차별 철폐와 '내선결혼' 촉진은 조선인이 일본인화된 다음에야 가능했다. 일본인이 동화되지 않은 조선인과 섞이거나 동등해지는 것에 거부감을 가졌음을 엿볼 수 있다.

둘째, 이즈음 조선총독부와 일본 정부는 '내선결혼'에 대한 낙관적 기대를 거두기 시작했다. 그때까지 쌓인 '내선결혼' 가정의 모습들이 그들의 기대와 달랐기 때문이었다. 국민총력조선연맹 사무국 총장도 가정에서 환영받지 못하거나 이혼하는 '내선결혼' 가정이 있음을 언급했다. 민족 사이에 사랑을 연쇄하고 영구 결합을 증명해야 할 통혼 가정이 오히려 융화와 동화의 어려움을 보여 줄까 봐 걱정하면서, 적은 수라도 모범을 보일 만한 사람들만 결혼하기를 바랐다. 대부분의 '내선결혼' 부부가 당국의 정책을 실천하려고 결혼한 게 아니기 때문에 일어난 일이다. Ⅲ장과 Ⅳ장에서는 이러한 '내선결혼' 당사자의 이야기와 삶의 모습들을 자세히 살펴보자.

현영섭,「내선일체와 내선결혼(内鮮一体と内鮮相婚)」

… 6. 무엇이 내선일체의 근본일 결혼을 방해하는가.
첫째로 들어야 할 것은 경제적 이유이다. 내가 아는 어떤 성실한 조선인 순사가 있었다. 도쿄에 있을 때 내지인과 사랑에 빠져 결혼했으나, 수입이 적어서 내지인 부인이 "어째서 이렇게 월급이 적어?"라고 물었다고 한다. … 이 일 때문에도 내지인과 조선인의 수입은 하루라도 빨리 평등해지도록 조선인의 생활 정도를 높이고, 그들을 하루라도 빨리 일본화할 필요가 있다. 또는 내지의 고상(高商)을 졸업한 조선인이 은사의 딸과 사랑에 빠져 결혼해 아이를 낳았으나, 그 조선인이 군서기였기 때문에 처는 도망가고 군서기는 미친 사람처럼 하녀(女中)와 살고 있다. 이것도 경제가 낳은 비극이다. 나는 내지인 생활을 하고자 하는 자에게는 내지인적인 일체의 형식과 조건을 자유롭게 주어야 한다고 생각한다. 이런 말 하기 싫지만, 나 자신도 경제적인 이유로 내지인적 생활을 할 수 없다. 내지인을 처로 얻고 싶어도 가난하기 때문에 절대 얻지 않을 생각이다. 아니, 일생 독신으로 살 생각이다.

… 셋째로는 법률적 이유를 들 수 있다. 조선인이 내지인 부인과 결혼하면 그 아이는 조선인이 되는데, 이를 고치지 않는 한 내선결혼은 늘지 않을 것이다. 내선결혼으로 태어난 아이에게는 모두 내지인이 될 자격을 부여해야 한다. 내지인 남자가 조선인 여성을 얻으면 잘 되는 데는 법률적인 이유도 개입해 있다. 물론 그 남자가 출세하지 못하도록 내지인 사회가 멸시하는 분위기는 매우 나쁘지만, 조선인이 내지인 부인을 얻으면 내지인의 생활양식이 채용되고 아이들은 내지인적 생활에 익숙해지는 데도 사회적·정치적 존재는 조선인이기 때문에 잘될 리가 없다.

출처: 『조선급만주』 365, 1938. 4 (번역)

「내선일체의 이념 및 그 구현 방책 요강(內鮮一体の理念及其の具現方策要綱)」

… 내선 문화 동질화의 열매(實)를 거두고, 생활양식의 단일화, 국어의 보급 철저가 이루어짐과 동시에, 제3에 생기는 문제는 내선혼인의 장려책이다. 내선혼인의 장려는 내선 문화의 일체화에 따라 행해질 것이지, 그 전제로서 행해질 것이 아니다. 문화가 아직 같지 않고 습속에 아직 거리가 있는 동안에는 통혼의 수량적 증가를 서두를 것 없고, 문화적 종합이 이루어짐에 따라서 내선결혼의 소개 알선 지도에 힘쓰고 호적상의 융통도 간이화하여 진정한 내선일체의 완성으로 나아가야 할 것이다. …

출처: 『大野緑一郎関係文書』 R-149 (일본국회도서관 헌정자료실 소장) (번역)

III

당사자의 '내선결혼' 동기와 가정생활

1

정치적 조건의 합치

 이 장에서는 이해관계나 신념 등 조건이 맞아서 가정생활을 지속한 '내선결혼' 가정들을 중심으로, 이들의 결혼 동기와 가정생활 양식을 살펴보자.
 먼저 정치적 조건이 합치해서 결혼한 사례로 일본에 망명했던 조선인 남성들을 꼽을 수 있다. 개항 이후 일본의 힘을 빌려 조선을 개혁하려던 이들은 갑신정변(1884), 을미개혁·을미사변(1895)에 참여하다가 정권이 뒤집히자 일본으로 망명했다. 이들은 일본인 여성과 살다가 1905년 통감부가 들어선 후 사면받아 다시 한반도로 돌아왔다. 조중응, 이규완, 구연수, 신응희, 정난교, 전진홍, 유혁로 등이 이러한 망명 '내선결혼' 부부에 해당한다.
 이들이 어떻게 일본인 여성과 결혼했는지 자세히 알기는 어렵다. 다만 조중응은 『매일신보』가 여러 차례 기사화하면서 결혼 동기까지 다루었다. 그에 따르면, 망명 당시 조중응은 도쿄의 여관에서 생활했는데 조선인 망명객과 뜻을 통하던 일본인 사업가가 자기 딸과 부부가 되어 그 집에서 생활할 것을 제안했다. 여러 사람이 드나드는 여관에서는 비밀스러운 이야기를 나눌 수 없다는 것이 중요한 이유였다. 결혼을 통해 망명객이 활동할 수 있는 비밀스러운 아지트와 정치적 조력자를 제공

조중응 자작 부부

출처: 『매일신보』, 1918.12.8

한 셈이다. 그런데 조중응은 조선에 본처가 있었기 때문에 귀국 후 일본인 여성은 첩이 될 운명이었다. 하지만 조씨 문중과 순종의 허락을 얻어 성실부인으로 삼았고, 아내 다케코(竹子)는 대한제국의 훈삼등 훈장까지 받았다.

강제병합 이후 망명객들은 도지사(이규완, 신응희) 등을 역임하며 일제의 정치적 파트너 역할을 했다. 강제병합조약은 전체 8개 조문 가운데 무려 3개가 대한제국 황실과 주요 인물에게 우대를 약속하는 내용을 담고 있었다. 제3~4조에 따라 황실의 직계와 방계 혈족은 왕족과 공족이 되었다. 합쳐서 왕공족이라고 한다. 일반인은 제5조에 따라 조선 귀족에 임명되었는데 후작·백작·자작·남작의 네 등급이 있었다. 조중응은 자작 지

위를 받았다.

일제는 이들 왕공족을 일본인과 결혼시키려 애썼다. 영친왕 이은을 시작으로 대한제국 황실의 자녀들은 유학을 빌미로 일본으로 거처를 옮기고 그곳에서 일본인과 결혼했다. 1931년 3월에는 고종의 고명딸 덕혜옹주가 대마도 번주 소다케유키(宗武志) 백작과 결혼했고, 같은 해 10월에는 공족 이강(李堈)의 아들 이건(李

조선에 온 이건 공 부부
출처: 『동아일보』, 1931.11.2

鍵)도 영친왕비의 이종사촌과 결혼했다. 덕혜옹주와 이건의 결혼식은 둘 다 순 일본식으로 거행되었다. 또 이들의 결혼식, 조선 행차, 자녀 출산 등 모든 소식은 내선융화·내선일체의 선전 자료로 신문에 적극 보도되었다. 일본이 '내선결혼'을 적극 장려하지 않으면서 유독 왕공족의 '내선결혼'에 힘쓴 이유는 조선에서 황실의 자취를 지우기 위해서였다. 황실은 조선 독립의 구심점이 아닌 내선융화·내선일체의 상징이 되어야 했다. 이는 전형적인 정략결혼이었지만, 왕공족은 그 대가로 높은 지위와 안정된 생활을 얻었다.

「조자(趙子)와 죽자부인(竹子夫人)」

… ◎ 자작(조중응을 말함-필자)이 처음에 국사범의 혐의로 일본에 망명하였을 때에 동경에서 그중 번화한 신전구에 있는 협양관(峽陽館)이라 하는 여관에 있었는데 당시에 함께 망명하였던 박영효 씨, 조희문 씨, 유길준 씨, 장박 씨들과 또 운현궁 이준 공 전하께서 자주 찾아와서 국사를 서로 의논하며 여관이 번화하여 비밀한 말을 할 수 없으므로 항상 걱정하던 차에 지금 자작 부인의 부친 시영정연(是永貞延) 씨가 이것을 보고 대단히 동정을 표하여 자기의 집에 와서 있으라 하였더라.

◎ 시영 씨는 본시 구주(九州) 대분현(大分縣)의 대족이며 … 당시에 시영 씨는 동경에서 마차 회사를 경영하였는데 이왕에도 고 김옥균 공과 서로 지기가 상합하여 다소의 조력을 한 일도 있으며 또 조 자작에게도 많은 동정을 기울였더라. 시영 씨가 자작을 향하여 말하되,

◎ 당신네의 국가와 동양의 대세를 위하여 근심하는 그 존귀한 마음은 성심으로 찬동하는 바이며 동정을 하는 바인데, 지금 이 여관에 계시는 것은 경제에도 상관이 되거니와 이목이 번다하니 나의 딸의 집이 매우 한적한즉 그리 가는 것이 어떠하뇨 하는 말에 자작은 남녀가 유별한데 어찌 그대의 딸이 있는 집으로 가서 있으리요 하였더니 시영 씨는 옷깃을 고치고 정대히 말하되,

◎ 일본과 조선으로 말하면 이왕 시대로부터 한 집안이나 다름이 없을뿐더러 지금 일본 사람들이 서양 사람들과도 서로 사는 터인데 그대가 나의 딸의 불초한 것을 저버리지 말고 백 년을 사랑함이 어떠하겠나뇨 하므로 자작은 내심으로 그의 협심을 감사히 여기어 당시에 지기를 상통한 일본 명사 몇 사람과 이준 공 전하 이하 국사범의 중요한 사람들과 서로 의논한 결과 죽자와 서로 동거하게 되었더라. …

출처: 『매일신보』, 1918. 12. 10 (윤문)

「한국병합에 관한 조약」(1910. 8. 29)

제1조. 한국 황제 폐하는 한국 전부에 관한 일체의 통치권을 완전 또 영구히 일본국 황제 폐하에게 양여한다.

제2조. 일본국 황제 폐하는 앞 조(前條)에 든 양여를 수락하고, 또 완전히 한국을 일본제국에 병합하는 것을 승낙한다.

제3조. 일본국 황제 폐하는 한국 황제 폐하, 태황제 폐하, 황태자 전하 및 그 후비(后妃)와 후예로 하여금 각 그 지위에 따라 상당한 존칭, 위엄과 명예를 향유하게 하고, 또 그를 보지(保持)하는 데 충분한 세비(歲費)를 공급할 것을 약속한다.

제4조. 일본국 황제 폐하는 앞 조 이외의 한국 황족 및 그 후예에 대하여 각 상당한 명예와 대우를 향유하게 하고, 또 그를 유지하는 데 필요한 자금을 공여할 것을 약속한다.

제5조. 일본국 황제 폐하는 훈공이 있는 한인이면서 특히 표창하기에 적당하다고 인정되는 자에 대해 영작(榮爵)을 수여하고, 또 은금(恩金)을 준다. …

출처: 『조선총독부관보』, 1910. 8. 29 (번역)

2
경제적 조건의 합치

　결혼은 생계 공동체를 꾸리는 일이므로 경제적 조건을 생각하지 않을 수 없다. '내선결혼'에서도 마찬가지였다. 생계 문제가 결혼 동기가 된 사례로 조선인 남성과 일본인 여성의 관계가 눈길을 끈다. 흔히 제국의 본국민과 식민지민이 결혼한다면, 본국 남성과 식민지 여성이 식민지에서 결합하는 경우가 일반적이다. 그런데 '내선결혼'에서는 오히려 조선인 남성과 일본인 여성이 일본 본토에서 결혼하는 경우가 많았다. 통치 당국이 원했던 바는 아니다(이 문제는 V장 1절에서 다룬다). 이러한 결과가 생긴 데는 일본인 내부의 경제력 차이도 한몫했다. 일본은 청일전쟁(1894)과 러일전쟁(1904)이라는 커다란 전쟁을 연달아 치르며 군대를 확충하기에 급급했고, 이로 인해 수많은 농민이 몰락했다. 몰락한 농민들은 집안을 이을 장남을 제외하고 딸이나 차남 이하의 아들들을 팔거나 돈벌이에 내보냈다. 식민지를 '거느린' 제국이었지만 일본 하층 민중들의 생활은 녹록하지 않왔다. 이들 중에서 조선인에게 생계를 의탁하는 사람들도 생겼다.

이인직의 단편소설 「빈선랑(貧鮮郎)의 일미인(日美人)」(1912)은 이러한 상황을 흥미롭게 보여 준다. 이인직은 1900년대 초 일본에 유학하면서 조중응과 친하게 지냈고 조선에 본처를 두고 일본인 여성과 동거하다가 러일전쟁 때 종군통역관으로 조선에 돌아왔다. '내선결혼' 당사자인 그는 가난한 조선인 남성과 일본인 여성의 결혼을 소설의 소재로 삼았다. 소설에서 조선인 남성은 일본인 여성에게 조선에 가면 벼슬도 돈도 마음대로 할 수 있을 것처럼 허풍을 치고 결혼했다. 그러나 조선에 와서야 남편의 경제적 무능을 깨달은 일본인 여성이 자기 신세를 한탄하는 내용이다. 신세 한탄 중에 아내는 조선인 남성과 결혼해서 신분 상승한 일본인 여성이 적지 않은데, 자기만 고생한다고 불평한다. 조중응의 부인처럼 망명객의 일본인 아내가 신분 상승한 실제 사례를 암시한다. 소설 속 아내도 남편의 허풍을 듣고는 신분 상승을 기대했을 것이다.

1913년 『매일신보』는 성매매 업소에 팔려 간 일본인 여성이 조선인 남성에게 생계를 의탁한 실제 사례를 전한다. 러시아의 성매매 업소에 속아서 팔려 가 학대당하던 일본인 여성을 조선인 남성이 불쌍하게 여겨서 대신 몸값을 치르고 빼내 준 이야기이다. 갈 곳 없는 일본인 여성은 조선에 따라와서 조선인 남성의 첩이 되었다. 『매일신보』는 일본인 여성이 첩이 되어서 조선인 남편의 본처 및 자녀들과 한집에서 살았다는 난감한 이야기를 '화목한 가정'으로 포장했다.

가난한 일본인 여성이 식민지민이라도 비교적 부유한 남성과 결혼해서 생계를 의탁하려 했다면, 조선인 남성 중에도 경제적 이익을 기대하며 일본인 여성과 결혼한 사람도 있었다. 친일사업가로 유명한 문명기(文明琦)

는 1917년 성대한 피로연을 열어 일본인 여성과 결혼했음을 널리 알렸고, 1920년대 식민 권력의 비호 아래 비약적으로 사업을 확장했다. '내선결혼'한 조선인이 그렇지 않은 사람보다 정치권력과 경제력을 장악한 일본인에게 다가가기 쉬웠으리라는 것은 짐작할 만하다. 제국과 식민지의 불균형 관계에서 일본인이라는 신분 자체가 자산이 되었다.

한편 조선인 남성은 일본인 여성과 결혼함으로써 일본인 신분을 얻고 그 집안의 계승자가 될 수도 있었다. 보통 결혼을 하면 아내가 남편의 호적에 들어간다고 앞에서 이야기했다. 그런데 일본에는 남편이 아내의 호적에 들어가는 입부혼인(入夫婚姻)과 서양자입양(壻養子入養) 제도가 있었다. 이 제도들은 주로 여성 호주 또는 호주가 될 여성이 결혼할 때 남편을 불러들여서 함께 집안을 계승하는 데 사용되었기 때문에 무엇보다 능력 있는 남성을 배우자로 선호했다. 성실하고 가업을 이을 만한 기술이 있는 사람이라면 가난하거나 조선인인 것도 문제가 되지 않았다.

이인직, 「빈선랑(貧鮮郞)의 일미인(日美人)」

… 여보 영감이 상,
내가 영감을 원망하는 것이 아니라 내 팔자 한탄이오.
나 같이 어림 없고(馬鹿: 바보) 나 같이 팔자 사나운 년이 어디 또 있겠소. 영감이 내지에 있을 때에 얼마나 풍을 쳤소. 조선에 있는 사람은 아무것도 모르는 병신 같고 영감 혼자만 잘난 듯 조선에 돌아가는 날에는 벼슬은 마음대로 할 듯 돈을 마음대로 쓰고 지낼 듯 그런 호기로운 소리만 하던 그 사람이 조선에 오더니 이 모양이란 말이오.
일본 여편네가 조선 사람의 마누라 되어 온 사람이 나 하나뿐 아니건마는 경성에 와서 고생하는 사람은 나 하나뿐이오구려.

남편의 덕에 마차 타는 사람은 말할 것도 없거니와 머리 위에 금테를 두셋씩 두르고 다니는 사람의 마누라 된 사람은 좀 많소.

나는 마차도 싫고 금테도 부럽지 아니하고 돈 얼굴을 한 달에 한 번씩만 얻어 보고 살았으면 좋겠소.

여보, 큰 기침 그만하고 어디 가서 한 달에 이삼십 원이라도 생기는 고용(雇傭)도 못 얻어 한단 말이오.

내가 문 밖에 나가면 혹 내지 아이들이 등뒤에서 손가락질을 하며 요보의 오가미 상(朝鮮人女房: 조선인의 아내)이라 하니 옷이나 잘 입고 다니며 그런 소리를 들으면 어떠할는지 거지꼴 같은 위인에 그 소리를 들을 때면 얼굴이 뜨뜻. …

출처: 『매일신보』, 1912. 3. 1 (윤문)

「일선동화의 종종(種種)」

내지 웅본현(熊本縣) 천초군(淺草郡)에 천기민태랑(川崎民太郎)의 삼십칠 세 된 딸 쓰네가 있는데, 그곳의 풍속은 계집아이로 주사청루에 □□상화의 경력이 없으면 시집을 갈 수도 없고 또한 장가드는 사람도 없으며 만리타국에 왕래하기를 이웃집과 같이 여기는 기묘한 습관이 있으므로, 쓰네는 십여 년 전에 해삼위에 건너가 청루에 몸을 허락한 지 몇 해에 기백 원의 저축을 얻어 가지고 일로전쟁 전에 금의환향하였으나 … 해삼위를 두 번째 건너간 지 얼마 못 되어 한 내지 사람과 잊지 못할 정이 들었으나 그자는 방탕한 사람인 고로 마침내 그자에게 속아서 해삼위에서 수십 리 격한 미카로스키의 러시아 사람에게 팔려 갔는데, 이 러시아 사람도 성질이 비상히 흉악한 악한인 고로 허다한 세월에 도저히 감내하고 생활하기 어려운 고로 어찌하면 이 사나운 호랑이의 아가리를 벗어날꼬 하여 주야로 노심하는 중, 그 러시아 사람의 집에 고용으로 있는 조선인 주병락(朱炳洛)이 쓰네의 근심함을 보고 주인에게 간청하여 자기가 저축하였던 돈 삼백 원으로 쓰네의 몸을 □한 후, 의식에는 걱정 없을 만치 저축한 것이 있으므로 곧 쓰네를 데리고 삼 년 전에 고향으로 돌아왔는데, … 쓰네는 평생 잊지 못할 주병락의 은혜를 갚고자 드디어 주병락의 첩이 되어 병락의 처자와 같이 한집에서 가장 화목하게 생활하는바, □하간 저축한 재산은 구차한 친족의 구휼에 모두 허비

하고 지금은 기아가 목전에 핍박하였으나 쓰네는 조금도 근심치 않고 다른 가족과 같이 주야 노동함 … 쓰네는 러시아어는 물론이고 영어와 조선어도 달통하고 의복도 조선 의복을 입으나 머리는 틀어 올렸으므로 겨우 내지인으로 알아본다더라.

출처: 『매일신보』, 1913. 3. 11 (윤문)

조선인 남성 서양자(婿養子) 입양 문의

… 다다 도메(多田とめ)의 2녀 온메(をんめ: 도메의 추정가독상속인)와 서양자 입양하고자 한다.

위 김찬수(金讚守)는 관내 가사이군(加西郡) 도미아이무라(富合村) 베후(別府) 니시무라 이치지(西村一次) 쪽에 그 집 농사꾼(農作男)으로서 1922년(다이쇼11) 2월경부터 고용되어 부지런히 일해 왔다. 그러는 한편 다다 도메 쪽에서는 둘째 딸 온메에게 짝을 지어 줄 목적으로 서양자를 물색하던 중 마침 이를 듣고 있던 니시무라 이치지의 이웃 니시무라 다네시(西村種市)라는 자가 앞서 말한 조선인이 성실하고 업무에 힘씀을 유망하다고 보고 도메의 서양자로서 1922년 6월경 그 중개를 했고 그 이후 찬수는 다다의 집에 기거하며 매일 고용주인 니시무라 이치지 쪽으로 통근하여 오늘에 이르렀다.

(1923년 5월 30일 민사 제1813호 민사국장 회답)

서양자 김찬수가 조선의 본가(實家)에서 봉사자(奉祀子) 신분이 아닌 경우에는 내지인의 서양자가 될 수 있는 것으로 한다. 그러므로 신고가 있으면 그에 근거해 호적을 기재한 후 신고서 1통을 서양자의 본적지 부윤이나 면장에게 송부해야 할 것이라고 생각한다.

출처: 辻朔郎 外 編, 『司法省親族・相續・戶籍・寄留先例大系』, 東京: 淸水書店, 1940 (번역)

3

일제에 저항하는 사람들

 정치적·경제적 이해득실을 따졌던 사람들만 '내선결혼'을 한 것은 아닙니다. 의외로 자기 이익이나 특권을 버리고 일본 제국주의와 조선 식민지배에 저항한 사람도 '내선결혼'을 했다.
 몇 가지 사례를 확인해 보자. 첫 번째는 양근환(梁槿煥)과 이시카와 가쓰코(石川勝子) 부부이다. 양근환은 1921년 2월 도쿄에서 민원식을 살해했다. 민원식은 3·1운동과 조선의 독립을 부정하고, 국민협회를 만들어 일본의 주요 인사를 찾아다니면서 조선인에게도 참정권을 부여해 달라는 청원 운동을 펼쳤다. 양근환은 민원식을 찾아가 민족을 배반한 자라고 꾸짖었는데, 민원식이 오히려 상하이의 독립운동가를 폭도로 매도하며 언쟁이 격해지자 칼로 찔러 살해했다. 양근환은 체포되어 무기징역을 선고 받았고, 12년이나 옥고를 치른 후 1933년에 풀려났다. 재판정에서도 일본은 불구대천의 원수라고 했다. 이렇게 민족의식이 투철했던 양근환이 일본인 여성과 결혼했다는 게 오히려 의아할 정도이다. 재판정에서 일본인 검사도 '내선결혼'한 것만 봐도 믿을 수 없다면서 민족의식 때문이 아니라 생활난 때문에 민원식을 살해했을 뿐이라고 주장했다. 이때가 조선총독부령 제99호가 시행되기 하루 전이었다. '내선결혼'을 하는 조선인은 당연히 일본에 우호적일 거라는 낙관적인 기대를 여기서도 확인할 수 있다. 남편이 친일파를 살해한 것을 안 일본인 여성은 어떤 생각을 했을까. 『동아일보』에 따르면 아내 이시카와는 이미 결혼한 이상 남편을 버리지 않고, 어린 자녀들을 키우기 위해 조선으로 건너가겠다고 말했다고 한다. 이들 부부는 배우자가 일본인, 조선인임을 거의 의식하지 않고 서로

남편 양근환에 대한 일본인 아내의 사랑

출처: 『동아일보』, 1921.4.22

를 인격체로 대한 듯하다.

한편 사회주의나 무정부주의를 바탕으로 맺어진 '내선결혼' 부부는 민족주의를 뛰어넘어 함께 일본 제국주의에 저항했다. 일본 제국주의와 천황제가 약소 민족과 개인을 억압하는, 타도해야 할 대상이라는 생각을 공유했기 때문이다. 김두용(金斗鎔)과 호시하라 기요(星原きよ) 부부는 사회주의자였다. 김두용은 도쿄제국대학에 유학하면서 노동 운동에 참여했고, 1928년경 김두용과 만나 가까워진 호시하라도 1930년을 전후해서 '부인 투사'로 활약했다. 다만 이들은 감옥에 갇혔다 풀려나기를 거듭하면서 1930년대 후반에 전향 의사를 밝히고 잠시 사회주의 운동을 접었다.

일본에 저항한 '내선결혼' 부부로 당대에도 지금도 가장 유명한 건 박열(朴烈)과 가네코 후미코(金子文子) 부부다. 가네코의 옥중 수기가 한국어로 번역되었고, 2017년에는 이들 부부의 이야기가 영화로도 만들어졌다. 이들은 무정부주의자로 도쿄에서 활동하다가 1923년 관동대지진 직후 불온한 행동을 사전에 차단하겠다는 명분 아래 잡혀 들어갔다. 그런데 체포되어 조사를 받던 와중에 일본 황태자의 혼례에 폭탄을 투척하려 했음이 밝혀져서 대역죄로 사형 선고를 받았다. 사실 박열은 일본인인 가네코를 믿지 못해서 이 계획을 알리지 않았다. 이런 까닭에 신문을 하던 자들도 일본인인 가네코를 회유해서 전향시키려 했다. 하지만 가네코는 알았다면 자신도 함께했을 것이라며 하지 않은 일까지 책임지려 했고, 재판정에서 일본의 천황제를 맹렬히 비판했다. 가네코는 조선인의 민족주의에는 동조하지 않았지만 박열은 사모관대, 가네코는 한복 치마저고리 차림으로 법정에 나서 연대의 메시지를 전하기도 했다. 1926년 3월에는 옥중에서 혼인 신고서를 제출해 부부가 되었다. 그리고 애석하게도 가네코는

한복을 입고 법정 투쟁에 나선 박열·가네코 후미코 부부

출처:『동아일보』, 1926. 3. 2

곧 의문의 '자살'을 당하고 말았다.

내선융화·내선일체에 앞장서야 할 '내선결혼' 부부가 도리어 일본에 저항한 것은 식민 통치 당국에게 골칫거리였을 것이다. 대한민국 정부는 이들을 독립유공자로 인정해서 1980년 양근환에게 독립장, 1989년 박열에게 대통령장, 2018년 가네코 후미코에게 애국장을 추서하였다.

4
'내선결혼' 가정의 생활양식

조선총독부는 내선융화를 표방하던 시기에는 조선인의 일본인화를 강조하지 않았다. 그렇지만 동화정책이 식민 통치 정책의 핵심인 만큼 속으로는 조선인의 일본인화를 바랐다. 1919년 3·1운동 이후 조선군 참모부의 문서에서도 이러한 시각을 볼 수 있다. 조선군은 조선에 주둔했던 일본군을 말하고, 조선 총독은 대부분 일본 육군 출신이었다. 일본군은 1910년대 헌병경찰제도를 통해 조선인을 누구보다 가까이에서 보았고 3·1운동을 진압하며 성난 민심과 대면했다. 그런 이들이 장래 조선 통치를 위해 '내선결혼'을 장려해야 한다고 했다. 유력한 조선인 친일파 중 일본 여성과 결혼한 사람이 많은 걸 보면 '내선결혼'만큼 의사소통과 사상 융화에 효과적인 수단이 없고, 자녀의 풍속, 습관, 언어 모두 일본인화해서 조선인의 동화를 촉진할 방법이라고 생각한 것이다.

> 조선군 참모부, 「소요의 원인과 조선 통치에 주의해야 할 건, 그리고 군비에 대하여(騷擾ノ原因及朝鮮統治ニ注意スベキ件並軍備ニ就テ)」(1919.7.14)
>
> 제2장. 장래 조선의 통치상 주의해야 할 사항
> 14. 내선인의 잡혼(雜婚)을 장려할 것
> 의지 소통, 사상 융화의 유효한 수단으로서는 아마 내선인의 잡혼만 한 것이 없을 것이다. 목하 유력한 친일자이면서 진실로 일본의 편으로서 내선인 사이의 지렛대가 되어 분주한 자 중에 내지 부인을 처로 둔 자가 많음을 보아도 얼마나 정적(情的) 결합이 유효한지를 미루어 알 수 있을 것이다. 특히 그 사이에 태어난 아이에게 미치는 감화에 이르러서는 큰 것이 있을 것이다. 즉, 그로 인해 풍속, 습관, 언어 모두 내지인에 접근하게 하여 동화의 열매(實)를 거둘 지름길이다.
>
> 출처: 姜德相·梶村秀樹 編, 『現代史資料』 26, 東京: みすず書房, 1967 (번역)

조선군 참모부는 위 문서를 쓸 때 조중응 같은 일본 망명자를 떠올렸을 법하다. 1918년 12월 『매일신보』는 영친왕의 결혼을 앞두고 '일선 동체의 가정 방문'이라는 연속 기사를 냈다. 가정 방문 온 기자에게 조중응의 부인은 자기는 조선에 와서도 일본과 조금도 다름없이 살림을 해서 조선 사람과 아무 상관이 없고, 한집에 살기는 해도 시어머니는 따로 안채에서 조선식 살림을 한다고 말했다(1918년 12월 8일 자). 도쿄에서 의친왕을 모시다가 일본인 여성과 결혼한 의사 안상호는 완전히 일본인화된 사례였다. 안상호는 자기를 일본 사람과 똑같다고 소개했다. 조선 옷은 한 벌도 없고 매운 음식은 조금도 먹지 못했다. 안상호의 부인도 11년 동안 조선에 살았으면서도 조선 말은 한 마디도 못하고 조선 사람들과 왕래하지 않았으며, 아이들도 마찬가지였다. 그야말로 조선에 있지만 '딴 세상에 사는 셈'이었다(1918년 12월 10일 자).

일본인화된 조선인 남성·일본인 여성 부부(의사 안상호 가정)

출처: 『매일신보』, 1918. 12. 10

　조선군 참모부는 『매일신보』 기사에 흐뭇했겠지만, 조선인 지식층은 그렇지 않았다. 조선총독부가 '내선결혼'을 장려하는 것도 불만이었지만, 그 결과로 조선인이 일본인화되는 것은 더더욱 반대했다. "남편을 따라 조선 사람이 된 직자부인"이라는 제목의 1926년 『동아일보』 기사는 조선인 지식층의 마음을 잘 보여 준다. 기자는 조선인 남성과 결혼한 일본인 여성이 많지만, 생활 상태, 의복, 언어를 조금도 고치지 않아서 그 가정과 자녀들까지 일본화되는 경우가 많다고 했다. 그것이 '내선결혼'을 반대한 이유였다. 그런데 이번에 성악가 김문보와 결혼한 일본인 여성은 조선 옷을 입고 조선 음식을 먹었으며 장래에는 조선에 와서 살겠다고 말하는 것으로 보아, 분명히 조선 사람이 되려는 것이라며 반가워했다. '내선결혼' 사례 중 조선인 남성과 일본인 여성이 결혼하는 경우가 많았음은 앞

조선인화된 조선인 남성·일본인 여성 부부(성악가 김문보 가정)

출처: 『동아일보』, 1926.9.3

에서 이야기했다. 조중응, 안상호, 김문보의 결혼도 모두 이 유형이다. 이에 대해 일본인은 일본인 아내가 살림하고 자녀를 양육하면서 '내선결혼' 가정이 일본인화되기를 기대했고, 조선인은 반대로 일본인 아내가 남편을 따라서 조선인화되기를 기대했다. 즉, 양쪽 모두 '내선결혼' 가정이 자기 쪽으로 '동화'되기를 바랐다.

그렇다면 실제 '내선결혼' 가정은 일본인화되었을까 아니면 조선인화되었을까. 정답은 '양쪽을 절충했다' 또는 '사람에 따라, 상황에 따라 다르다'이다. 서로 다른 문화권에 속한 두 사람이 결혼했는데 어느 한쪽의 문화에 일방적으로 기울어지는 상황이 오히려 비상식적이다. 조중응과 안상호가 일본인화된 것은 '내선결혼'의 결과라기보다는, 일본에서 오래 생활했고 정치적으로도 일본에 우호적이었기 때문이라고 보아야 옳다.

조선 귀족으로서, 서양 의술을 익힌 의사로서 경제적 여유가 있었기 때문이기도 하다. 조선에서 일본의 옷과 음식을 구하려면 돈이 들었다. 조중응과 안상호의 부인이 조선인과 교류하지 않았다는 말에도 주목할 필요가 있다. 『매일신보』는 앞의 연속 기사에서 조선인 남성과 일본인 여성 부부가 조선인화된 사례도 보도했다. 포목상 김현태의 일본인 부인은 조금도 일본 사람 사는 집 같지 않게 살림하고, 조선식으로 차려입고 유창한 조선 말을 구사하며 시부모를 봉양했다. 이 부인은 조선에 살면서 일본 사람은 한 사람도 몰랐다(1918년 12월 11일 자). 이렇게 극단적인 경우가 아닌 이상, 보통 '내선결혼' 가정에는 양쪽 문화가 공존했다. 조선에 살면 조선 물건이 싸고 구하기 쉬운데다 조선 사람과 교류하면서 자연히 조선 문화가 강해지고, 일본에 살면 일본 문화가 강해지는 정도였다. 또 같은 조선인 남편과 일본인 아내 유형이라도 남편이 일본인화되려는 의지가 강하면 일본인화되고, 그렇지 않다면 가부장제 때문에 아내가 남편을 따라서 조선인화되는 경우도 많았다.

가부장제는 '내선결혼'으로 조선인이 일본인화되는 것을 방해하는 복병이었다. 일본의 또 다른 식민지 대만에서는 일본인과 대만인의 결혼을 '내대공혼(內臺共婚)'이라고 불렀다. 1936년 한 일본인은 '내대공혼'으로 대만인이 일본인화되기보다 오히려 일본인이 대만인화되는 경우가 더 많은 것 같다고 우려했다. 대만에 사는 대만인 남편과 일본인 아내의 가정이 근거였다. 일본인 기혼 여성은 가부장제 때문에 가정 내 영향력이 없어서 대만인 시가의 가풍과 남편의 말에 복종해야 했고, 대만에 살기 때문에 대만의 문화에 따르는 것이 편리하고 경제적이었다. 자연히 자녀도 대만인화되었다. 조선에 살던 조선인 남편과 일본인 아내 부부도 대개 비슷한 상황이었을 것이다. 이를 보며 통치 당국은 점점 통혼을 통한 동화에 걸었던 기대를 접었다.

스다 세이키(須田淸基), 「공혼회 설립 제창(共婚会設立の提唱)」

… 한 가지 의문을 느끼는 것은 공혼은 과연 성공인가 아닌가 하는 것과 공혼은 여전히 장려해야 할 것인가 아닌가 하는 점이다. 지난날 공혼법이란 것이 제정되어 공혼이 정식으로 인정된 것은 기뻐할 만한 일이지만, 그 후 그로 인해 공혼의 수가 증가했는가 어떤가, 또 증가했다고 해도 그 가정에 동화의 실적이 거둬지고 있는가 아닌가는 자못 의문스럽다. … 당국의 조사와 보고를 기다려야 하지만 나의 상상을 말하는 것이 허용된다면, 공혼자의 수는 많아도 500쌍을 넘지는 않을 것이고, 동화의 실적도 내지인화되기보다도 오히려 내지인이 본도인화되는 쪽이 대부분인 것은 아닌가 하고 생각하게 만드는 것이다.

… 여기서는 왜 내지인화하고자 시집온 내지인 부인이 반대로 끝내 본도인화되어 버리는지에 대해 먼저 몇 가지 원인을 들어 보기로 한다.

1. 처는 남편에게 복종해야 하기 때문에
1. 시집가서는 그 가풍을 배워야 하므로
1. 경제적이기 때문에
1. 편리해서 중과부적이기 때문에
1. 열대 생활에 적합하기 때문에
1. 가족에게 권유받기 때문에
1. 내지인과 만날 기회가 적기 때문에
1. 친척이나 형제가 가까이에 없기 때문에
1. 따돌림당하고 싶지 않아서
1. 집안(深窓)에 갇혀 있기 때문에
1. 가정을 지도할 입장에 있지 않기 때문에
1. 경제력이 없기 때문에

이외 또 많은 원인이 있으리라고 생각하지만, 대체로 이러한 것이 중요한 원인이 되어 점차 대만화되어 버린다고 생각한다. 그리고 그 결과는,

1. 가정에서 대만어가 상용되고
1. 의식주도 대만식이며
1. 제반 예식은 구관에 따르고
1. 태어난 아이의 이름도 대만어로 부르고
1. 대만식으로 양육되어
1. 소학교 입학이 곤란하기 때문에 공학교에 입교시키고
1. 내지인과 교제가 적고
1. 일본인으로서 의식을 발휘할 기회는 없고
1. 점차 일본 정신이 몽롱해진다.

출처:『社會事業の友』95, 1936 (번역)

IV

'내선결혼'을 둘러싼 사회문제

1
부모와 사회의 반대

조선총독부는 '내선결혼'을 두 민족을 영원히 결합해 줄 '사랑의 연쇄책'이라고 선전했다. 실제로 연애는 '내선결혼'의 가장 일반적인 동기였다. 로미오와 줄리엣처럼 사랑이야말로 다른 모든 불리한 조건을 감내할 수 있게 만드는 가장 강력한 힘이었다. 하지만 일제강점기 일본인과 조선인이 자연스럽게 감정을 키울 만한 자리는 많지 않았다. 젊은 여성이 가정 밖에서 사회 활동할 기회가 적었기 때문에 더욱 그랬다. 일본인과 조선인은 조선보다는 일본에서, 농촌보다는 도시에서 서로를 자주 접했다. 또 부잣집에 고용된 머슴과 가사 사용인, 상점의 점원들, 유흥업소 종사자와 고객처럼 하층민들 사이에 접촉이 많았다. 이처럼 일상생활을 함께 하거나 불특정 다수와 대면 접촉이 많은 상황에서 주로 연애가 시작되었다. 그러다가 결혼까지 바라게 되었다.

문제는 부모였다. 당시의 법령에 따르면, 일본인은 남성 만 30세, 여성만 25세가 되기 전에는 부모의 동의 없이 결혼할 수 없었다. 조선인은 연령 제한 없이 무조건 부모의 동의가 필요했다. 따라서 혼인 신고를 하고 법적 부부가 되려면 양가 부모의 동의, 혹은 적어도 조선인 부모의 동의를 얻어야 했다. 하지만 부모들은 자녀의 '내선결혼'에 선뜻 찬성하지 않은 모양이다. 1920~1930년대 신문에는 자녀의 '내선연애'를 깨뜨리려는 부모의 이야기가 자주 등장한다.

사례를 보자. 통영의 일본인 가정에서 일하던 조선인 여성(19세)은 근처에서 하숙하던 일본인 남성(24세)과 결혼을 약속했지만, 부모의 반대에 부딪혔다. 부모가 딸의 외출도 막고 다른 결혼 상대를 찾아나서자, 딸은 집을 나갔다(『부산일보』, 1934년 12월 15일 자). 부모의 뜻을 따라 다른 사람과 결혼하고 이루지 못한 사랑에 괴로워한 사람이 있는가 하면, 사랑을 이루기 위해 부모와 인연을 끊은 사람도 있었다. 물론 얼마간 시간이 흐른 후 부모의 마음이 누그러져서 다시 연락하거나, 결혼까지 허락받아서 정식으로 결혼식을 올리기도 했다. 이러한 경우는 조선총독부의 선전대로 '사랑의 연쇄'가 이뤄졌다고 할 수 있다. 하지만 그 과정은 너무나 어렵고 위태로웠다. 대학병원에서 세탁 일을 하던 한 일본인 남성(44세)은 부모 형제와 인연을 끊고 조선인 아내만 바라보며 살다가, 아내가 병에 걸리자 비관하여 자살했다(『동아일보』, 1935년 3월 11일 자).

본인 또는 상대방 부모의 반대로 사랑을 포기하게 되었을 때 극단적 선택을 시도하기도 했다. 경성 히라타(平田) 백화점의 점원이었던 일본인 남성(28세)과 조선인 여성(17세)은 서로 눈이 맞아서 결혼을 약속했지만, 조선인 여성의 어머니가 강하게 반대했다. 거듭된 요청에도 어머니가 허락해 주지 않자, 일본인 남성은 자해, 음독, 기차 선로에 눕기 등 수차례에

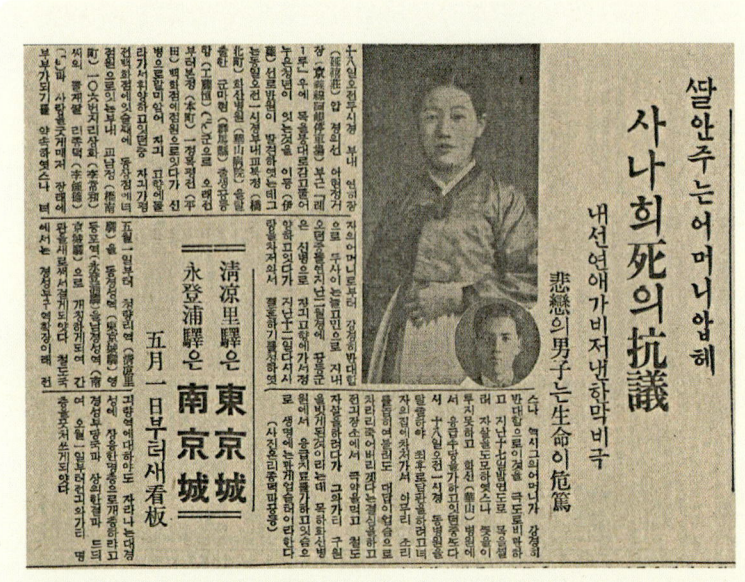

조선인 여성의 어머니가 결혼을 반대하자 음독자살을 시도한 일본인 남성

출처: 『매일신보』, 1938. 4. 19

걸쳐 자살을 시도했다. 『매일신보』는 이를 "내선연애가 빚어낸 한 막 비극"이라는 제목으로 보도했다.

'내선결혼'이 조선과 일본 민족 간의 관계를 상징했으므로, 때로는 가족도 허락한 관계를 주변 사람들이 반대하며 행동에 나섰다. 1921년 일본 히로시마에서는 중학교 교사인 조선인 남성과 병원 사무직원인 일본인 여성이 양가 부모의 허락을 받아서 혼인 신고도 하고 아이도 낳았다. 그런데 조선인 남성과 같이 유학했던 친구들이 분개했다. 조선인은 모두 일본인에게 학대당하고 멸시당하는데, 민족을 외면하고 자기 생각만 하면서 '내선결혼'을 한다는 이유에서였다. 1927년 조선 평남에서는 일본인이 '내선연애' 반대에 나섰다. 학교장의 딸인 일본인 여성과 자동차회사의 운전수인 조선인 남성이 연애하는 것을 양가 부모도 묵인해 주고 있었다. 그런데 지역 경찰서장이 일본인 여성과 조선인 남성의 연애는 '일본인의 큰 수치'라면서 둘 사이를 갈라놓았다. 일본인 남성과 조선인 여성의 관계였다면 이렇게까지 했을까 싶다. 조선인 남성과 일본인 여성의 연애를 민족의 틀로 바라본 점은 같으면서도 조선인은 민족의 배반으로, 일본인은 민족의 수치로 받아들이는 '동상이몽(同床異夢)', '이몽동상(異夢同床)'의 형국이었다.

'내선결혼'을 통한 사랑의 연쇄는 이처럼 부모와 사회의 반대로 시작부터 난관에 봉착했다.

> 「히로시마(廣島) 중학의 조선 선생(敎諭) 박영의 일본 여자와 혼인함을 금지코자 조선 학생들이 권고」
>
> 일본 히로시마고등사범학교를 금년 3월에 우등으로 졸업하고 같은 현(縣) 히로시마중학교에서 한문을 가르치고 있던 박영(朴永, 26세)은 2~3년 전부터 히로시미현립병원의 사무원 히리터(平田)리는 여자외 정분이 깁깝게 되어 두 사람은 각각 부모의 허락을 받고 정식으로 결혼하여 입적(入籍)까지 하고 아들까지 낳았으므로 불원간 결혼 피로연을 열게 되었는바, 같이 공부하던 유학생들은 우리 조선 사람들은 모두 일본인에게 학대와 업신여김을 받는데 일본인과 혼인하는 것은 우리의 사정을 돌아보지 아니하고 제 마음대로 하는 것이라고 매우 분개하여 박영에게 권고를 하였으므로 박영은 크게 근심하여 근무하던 학교 교장에게 사직서(退職願)를 제출하였으며 이 말을 들은 그 지역 경찰서에서는 앞에서 말한 배일(排日) 유학생의 행동을 주목하는 중이라더라.
>
> 출처: 『동아일보』, 1921. 5. 23 (윤문)

「자명종」

평남 순천군에 있는 모 학교장의 여식 가토 노부코(加藤信子, 17세)와 같은 지역에 있는 운전수 백광수(白光壽, 24세) 사이에는 오래전부터 서로 뜻이 맞아서 사랑을 속살거리던 중 그들의 부모도 눈치를 알고 은연중 묵인하여 오던바, 이 사실을 탐문한 순천경찰서장은 ▲ 일본 여자와 조선 남자 간에 서로 연애를 하게 되었음은 일본인의 큰 수치라 하여 앞의 노부코의 부모에게 권고하여 노부코를 일본에 데려다 두게 한 후, ▲ 운전수 백광수를 불러서 남의 여자를 유인하였다고 퇴거 명령을 하였으므로 백광수는 그렇지 않음을 설명하였으나 ▲ 서장은 자동차회사 주임과 교섭하여 그를 순천에서 퇴거케 한 사실이 있다고. 이런 서장은 '일선융화'의 반대자로군.

출처: 『조선일보』, 1927. 9. 19 (윤문)

2
법률혼 밖의 관계들

쉽게 떠올리기 어렵겠지만, 결혼하지 않은 사람들만 사랑에 빠지는 건 아니다. 법적 배우자가 있으면서 다른 사람에게 마음을 두거나 관계를 맺는 '외도(外道)'도 일종의 사랑이다. 일제강점기에는 연애결혼이 드물었고 10대의 어린 나이에 부모의 뜻에 따라 결혼하곤 했다. 이러한 시대 상황 때문에 법률혼 밖에서 사랑을 만나기도 했다. 일본인과 조선인 사이에서도 말이다.

법률혼 밖의 관계들은 성별과 민족에 따라 양상이 다르다. 조선인 남성이 기혼인 경우, 중혼(重婚)이 두드러졌다. 중혼은 이미 혼인 신고를 한 사람이 다시 다른 사람과 혼인 신고를 하는 것이고, 나중에 한 결혼은 무효가 된다. 일부일처제(一夫一妻制)여서 남편 한 명에 아내 한 명만 인정하기 때문이다. '내선결혼'에서 중혼이 나타난 배경에는 이 책 Ⅱ장 1절에서 다룬 법률 문제가 있었다. 조선총독부는 1915년 관통첩 제240호 이후 조선인 남성과 일본인 여성의 혼인 신고를 받아서 조선 민적에 기재했지만 일본 정부는 무시했다고 했다. 일본 정부는 조선의 민적을 제대로 된 가족관계등록부로 인정하지 않았기 때문에 혼인 관계가 민적에 기재되었든 기재되지 않았든 신경쓰지 않았다. 일본에서 일본 호적법에 따라 신고한 것만 인정했다. 그래서 조선에서 기혼인데 일본에서는 미혼이거나, 조선에서 미혼인데 일본에서는 기혼인 경우들이 생겼다.

이 문제는 1921년 조선총독부령 제99호를 통해서 해결되었다. 하지만 그때까지 쌓인 관계들이 정리되지 않고 있다가, 이후에도 종종 발견되었다. 조선인 남성 최쇠돌의 사례를 보자. 최쇠돌은 1919년 일본인 여성

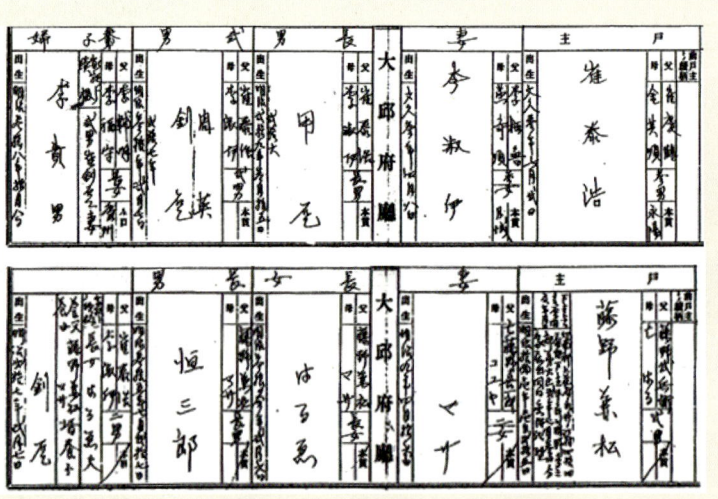

조선인·일본인 여성과 중혼한 조선인 남성 최쇠돌의 호적 초본
윗줄의 조선 호적에는 호주의 둘째 아들(貳男) 쇠돌(釗乭)과 그 아내(子婦) 이귀남(李貴男)의 이름이, 아랫줄의 일본 호적에는 호주의 장녀(長女) 하루에(はる恵)와 그 남편(夫) 쇠돌(釗乭)의 이름이 보인다. 개인을 특정할 수 없도록 호적 양식의 앞과 위 부분은 생략했다.
출처: 조선총독부 법무국 민사계, 『호적예규: 1926~1929년』, 1929 (국가기록원 소장)

과 결혼해서 서양자로서 아내의 일본 호적에 들어갔고, 1920년, 1921년, 1924년 연달아 딸을 얻었다. 하지만 이 사실을 조선에 알리지 않아서 조선 호적에 최쇠돌은 미혼으로 기록되어 있었다. 그런데 돌연 1925년 조선에서 조선인 여성과 다시 혼인 신고를 했고, 1927년 이 관계에서도 딸을 얻었다. 최쇠돌은 일본 호적에도 조선 호적에도 기록된 일본인이자 조선인이었고, 양쪽에 모두 처자식이 있었다. 중혼을 한 사실은 1929년 일본인 아내와 이혼하면서 드러났고, 나중에 한 조선인 아내와의 혼인이 무효가 되었다. 최쇠돌이 중혼을 한 이유는 알 수 없다. 다만 일본과 조선 사이에 행정적 공백이 있어서 초기 '내선결혼'에 중혼이 생겼다는 것, 조선인 남성은 첩을 두는 경우가 많았다는 것 정도만 언급할 수 있다.

일본인 남성과 조선인 여성의 중혼 사례는 발견하지 못했다. 이 유형의 '내선결혼'이 절대적으로 적었기 때문일 수도 있지만, 실제로도 기혼인 일본인 남성은 중혼 신고를 하지 않은 것 같다. 일본인 남성이 조선인 남성보다 양심적이어서는 아니다. 조선시대 첩과 첩이 낳은 서자녀는 처와 처가 낳은 적자녀보다 지위가 낮았지만, 가족 구성원으로 인정받았다. 1915년 관통첩 제240호는 첩을 가족으로 들이려는 민적 신고를 금지했다. 이후 첩은 가족 지위를 상실했지만, 조선인 남성은 사실상 첩을 두면서 첩이 낳은 아이들을 자기의 자녀로 인정했다. 첩과 서자녀를 부양할 책임을 외면하지 않았다는 뜻이기도 하다. 물론 그렇지 않은 조선인 남성도 있었다. 그런데 이 점은 일본인 남성이 더 심했던 듯하다. 조선인 여성과 관계를 맺은 일본인 남성이 아이를 나 몰라라 하면, 조선인 여성은 소송을 제기했다. 이것이 이 유형의 특징이다.

1933~1934년 『부산일보』에 보도된 사례를 보자. 1929년 부산에서 일

본인 남성과 조선인 여성이 관계해 1930년 아이를 낳았다. 그제서야 남성은 자기가 처자식이 있는 기혼자임을 고백하고 매달 양육비를 보내기로 했지만 약속을 지키지 않았다. 조선인 여성 측은 참다못해 1933년 일본인 남성을 상대로 자기 아이임을 인정하라는 사생자 인지 소송과 밀린 양육비를 지급하라는 소송을 제기했다. 일본인 남성은 조선인 여성을 성매매 여성이라고 모함하면서까지 책임을 피하려 했지만, 재판부는 조선인 여성의 손을 들어주었다. 조선인 남성과 일본인 여성 사이에서는 아직 사생자 인지 소송 사례를 발견하지 못했다. 일본인 남성은 조선에 사는 동안 성적 욕구를 풀 대상으로 조선인 여성을 취급하려는 경향이 강했다고 봐도 좋을 것이다.

기혼 여성은 배우자가 아닌 남성과 관계하면 간통죄로 처벌당했다. 당시 간통죄는 여성이 기혼일 때만 성립했다. 기혼 남성은 첩을 두어도 괜찮지만, 기혼 여성이 바람을 피우면 여성과 상대 남성 모두에게 간통죄가 적용되었다. 남편은 이들을 간통죄로 고소하거나, 때로는 분노를 참지 않고 직접 폭력을 휘둘렀다. 기혼 여성의 사랑은 그래서 위험했지만 없지 않았다. 기혼 여성과 상대 남성은 법과 남편의 힘이 미치지 않는 새로운 곳으로 함께 도주하는 경우가 많았다. 또 일반화하기는 어렵지만, 일본인 기혼 여성은 동반 자살, 조선인 기혼 여성은 남편 살해가 특징적인 듯하다. 남편 살해는 조선 특유의 범죄로 주목받았는데, 어린 나이에 강제로 시집와서 남편과 시가 사람들에게 시달린 여성이 할 수 있는 몇 안 되는 선택이었다. 조선인 여성이 일본인 남성과 사랑에 빠져서 조선인 남편을 살해하기도 하고, 1939년 충남 논산의 이순례처럼 조선인 남성과 공모해 일본인 남편을 살해하기도 했다. 이처럼 법률혼 밖의 관계들은 강한 사랑으로 맺어졌지만, 선량한 풍속을 해치는 위법 행위로서 사회문제를 일으켰다.

「법정에 드러난 내선인 연애의 쟁투」

부산 영주정(瀛州町)의 하타 미쓰코(秦ミツ子, 가명)와 오룡고(鳴龍告, 가명)는 앞서 부산지방법원 민사부에 야마구치현(山口縣) 하기시(萩市)의 오모리 사부로(大森三郎, 가명)를 상대로 사생자 인지 및 인수(引取) 부당 이득금 반환의 소송을 제기했다.

그 이유는 오모리가 목도(牧島)에 있던 때 처자가 있음에도 원고 오 씨를 폭력을 써서 관계하고 그로 인해 오씨는 임신해서 미쓰코를 낳았는데, 오모리는 내지에 돌아갔을 뿐 아무런 양육비를 주지 않고 자기 아이가 아니라고 끝까지 버텨서 소송에 이르렀다는 것이다.

그런데 후지모토(藤本) 재판장 담당으로 심의한 결과, 오모리는 "오 씨는 매춘부(淫賣婦)이고 나 이외의 남자와도 관계하기 때문에 나에게는 책임이 없다"라며 버텼는데, 내지인 증인 여러 명의 증언에 의해 오 씨는 매춘부가 아니고 쌀가게의 하녀이며 아이는 오모리의 자식임에 틀림없음이 알려져서, '미쓰코는 오모리와 오 씨 사이에서 출생한 것을 인지한다', '피고는 미쓰코를 인수해야 하고 원고에게 3백 원 36전을 지불해야 한다'고 하는 판결이 있었다. 피고의 패소로 내선인 사랑의 쟁투 사건은 마침내 해결되었나.

출처: 『부산일보』, 1934. 11. 6 (번역)

「정부(情夫)와 공모하고서 늙은 남편을 독살」

전주경찰서에서는 며칠 전에 충남 논산군 양촌면 인천리에 형사대가 출동하여 이순례(李順禮, 35세)와 그의 남편 임문학(林文學, 49세) 외 세 명을 검거해다가 연일 엄중 취조 중이라는데 사건 내용은 발표하지 않으므로 확실한 것은 알 수 없으나 탐문한 바에 의하면 살인 독살 사건으로 범행도 자백한 모양이라 한다. 내용인즉 이순례는 1938년(쇼와 13) 봄부터 일본 내지인 안도 주타로(安藤重太郎, 63세)

와 전북 완주군 우전면 석불리에서 동거해 오던 바, 금년 3월 28일 돌연히 논산군 양촌면 인천리에 이사를 하자마자 그 이튿날 무슨 사□□을 먹은 후 신음하기 시작하여 병상에 누워 있는 동안 치료는 하지 않고 이춘산(李春山, 21세)을 전주에 보내서 안도의 소유 재산 (전답과 건물 등) 전부 약 4천 원을 이순례 명의로 등기 이전을 마쳤는데, 안도는 그 후 4월 3일에 사망하였다고 한다. 그런데 사망진단서는 현재 부부 생활을 하고 있는 의생 영업하는 임문학이 만성 폐렴이라고 했다 한다. 그리하여 사건은 이순례와 임문학이 미리부터 정교 관계가 있어 가지고 공모 독살한 모양이라 한다.

출처: 『매일신보』, 1939. 7. 11 (윤문)

3
거짓과 폭력의 아수라장

　일본인과 조선인이 부부 관계를 맺지만, 거짓과 폭력이 개입된 탓에 당사자가 선택했다고 보기 어려운 '내선결혼'도 있다. 앞에서 살펴본 것처럼 조선인 남성은 보유 재산을 부풀리거나 아내와 자녀가 있음을 숨기고 일본인 여성을 만나곤 했다. 조선인 남성이 유학이나 일을 하려고 혼자 일본으로 건너가는 경우가 많아서 거짓말이 통할 수 있었다. 진실은 결혼하고 조선으로 건너오는 때 드러났다. 또는 여성이 임신하거나 출산한 후에 남성이 사실을 고백하기도 했다. 이때는 헤어지기 어렵다. 그러면 남성은 본처와 이혼하거나 일본인 여성을 첩으로 삼았다.

　조선인 남성은 조선인임을 숨기고 일본인 행세를 하기도 했다. 모든 유형의 거짓말이 중첩된 사례를 하나 보자. 1932년 7월 16일 자 『부산일보』에는 "20만 엔(圓)이라는 대허풍에 낚인 일본인 여자"라는 제목의 기사가 실렸다. 내용은 이렇다. 평북 선천 출신 최대수(崔大授, 29세)가 도쿄에서 일본인 여성에게 청혼하면서 자신을 일본인 아마노 주이치(天野授一)이며 20만 엔 상당의 자산가라고 소개했다. 여성은 남편이 조선인임을 임신한 뒤에 알았다. 또 조선에 건너와서야 남편의 재산이 2천 원도 안 되고 본처와 두 명의 자녀까지 있음을 알게 되었다. 놀라서 일본으로 돌아가려 해도 교통비가 없어서 경찰이 도와주었다는 이야기이다. 물론 거짓말은 나쁘다. 하지만 일본인임을 숨기고 결혼한 사례가 없음을 생각하면 조선인이라는 사실이 결혼에서 불리한 조건이었음을 알 수 있다. 조선인을 차별하고 멸시하는 분위기 때문에 숨기려 한 것이다. 조선인과 일본인이 같은 인종이어서 거짓말이 통했다는 점도 언급해 둘 만하다.

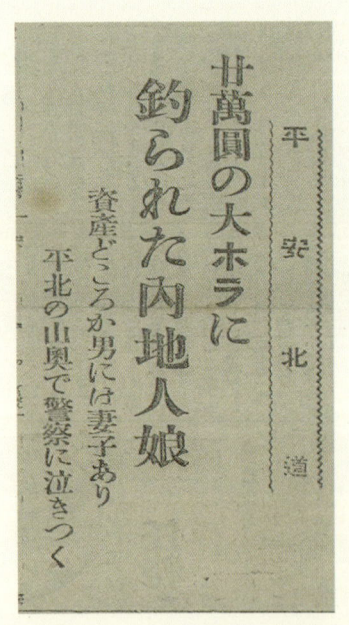

거짓말로 일본인 여성과 결혼한 조선인 남성
출처: 『부산일보』, 1932. 7. 16

빚 대신 조선인 아내를 뺏은 악덕 일본인 사채업자
출처: 『동아일보』, 1936. 5. 29

일본인 남성은 일본인의 경제적·사회적 지위를 이용했다. 남성이 주로 이주하던 시기라서 일본인 남성과 조선인 여성은 조선에서 맺어지는 경우가 많았다. 식민지 조선에서 일본인 남성은 토지를 가지고 소작인을 부리는 지주이거나, 직장인이라면 비교적 고위직에 있었다. 또 그렇게 형성한 재산으로 고리대금업에 나섰다. 즉, 은행을 이용하기 어려운 사람들에게 높은 이자로 돈을 빌려주는 사채업자였다. 1936년 5월 29일 자 『동아일보』 기사는 여성이 빚에 대한 담보물로 거래된 현실을 보여 준다. 기사에 따르면 경기도 수원에 살던 한 조선인 남성이 일본인 남성에게 진 빚을 갚지 못해서 10년이나 함께 살아온 아내를 빼앗겼다. 조선인 아내는 5~6년 동안 일본인 남성과 동거하며 '내선결혼' 가정으로 살다가 이웃집 조선인 남성과 눈이 맞아서 도망쳤다. 화가 난 일본인 남성은 여성을 되찾고자 했으나 법적 권한이 없어서 전 남편인 조선인 남성을 찾아가 고소해 달라고 했다. 아마도 법적으로는 여전히 두 사람이 부부여서 남편인 조선인 남성에게 간통죄 고소를 하게 한 듯하다. 1936년에서 5~6년 전이면 여성이 빚 대신 넘겨진 건 1930~1931년 무렵이다. 경제대공황(1929)으로 몰락한 조선인이 여성을 매매하고, 그것이 일본인 남성과 조선인 여성의 '내선결혼'으로 이어졌음을 보여 주는 참담한 사례이다.

일본인 남성은 조선인 여성을 상대로 성범죄를 벌이기도 했다. 신문에는 가해자가 경찰인 사례가 다수 보도되었다. 한밤중에 순찰하다가 혼자 사는 여성을 강간하거나, 무언가 조사한다는 핑계를 대고 경찰서로 데려와서는 강간을 시도하는 경우 등이다. 피해자와 마을 사람들이 가해자의 처벌을 요구해도 강간이 아니라 간통이었다고 주장하거나 근거 없는 이야기로 몰아가는 경우가 많았다. 개별 사건들의 진실을 알기 어려

우나, 일본인 남성이 경찰 권력을 이용해서 조선인 여성에게 성범죄를 자행하고 그를 다시 권력으로 무마했을 가능성은 충분하다.

『동아일보』1926년 1월 14일 자 기사 "일인 색마에 유린되어 운명에 우는 여성"은 직장 상사가 지위를 이용해 성범죄를 저지른 사례이다. 평남 안주군의 일본인 관료가 조선인 부하 직원의 여동생을 강간했는데, 말을 듣지 않으면 오빠를 해고하겠다고 위협했다. 사실을 알게 된 어머니도 아들이 해고당할까 봐 가해자에게 항의하지 못했고, 임신한 딸을 몰래 다른 곳으로 시집보냈다. 가족의 생계가 아들에게 달려 있었기 때문이다. 임신한 채로 결혼한 사실이 탄로나서 딸이 쫓겨 온 다음에야 가해자를 찾아가 부양료를 지원받기로 했지만, 가해자는 약속을 지키지 않았다. 이 사례는 엄연히 처벌받아야 할 성범죄이다. 그런데 피해자의 어머니는 "일본인에게나마 자기 딸을 맡겨버리고 싶은 생각"까지 했다. 원했든 원하지 않았든, 여성이 남성과 성관계를 하고 임신·출산을 하면 그 남성과 결혼해야 한다는 선입견이 있던 시절이다. 드러나지 않았을 뿐, 성범죄 역시 '내선결혼'으로 이어졌을 수 있다. 이처럼 '내선결혼'에 각종 거짓말과 폭력이 끼어든다는 사실 때문에 조선총독부는 모범적인 관계인지를 따지게 되었다.

「일인(日人) 색마에 유린되어 운명에 우는 여성」

… 색마 일본인은 현재 안주군(安州郡) 모 관청에 근무하는 늙은 관리요, 정조를 더럽힌 처녀는 모 관청에서 앞의 모 씨의 부하로 있는 모 씨의 누이동생 서옥단(가명)이라는데, … 어떤 날 그 일본인이 옥단의 집을 찾아와서 옥단을 보고

"나의 집에 지금 손님이 왔는데 나의 처는 일본 본집에 가고 나 혼자만 있어 손님 대접이 매우 곤란하니 나의 집에 와서 밥도 좀 지어 주고 일을 좀 보아 달라"고 간청하므로, … 천진한 옥단은 만약에 두 번째 거절을 하면 그가 노해서 자기 오라버니에게 어떠한 일을 할지 모르겠으므로 가기 싫은 것을 억지로 허락하고 그의 집에 따라갔었다. 가서 보니 왔다던 손님은 간 곳이 없고 그는 옥단을 조용한 방으로 데리고 들어가서 아무도 없는 가운데 별별 음담패설을 하며 자기와 같이 살면 일생을 호화로운 생활을 할 터이니 같이 살자고 하면서 만일 말을 듣지 아니하면 너의 오라비를 면직시키겠노라고까지 위협을 하므로 … 그 후에도 이미 그 색마에게 한 번 짓밟힌 몸이 되어 때로는 그의 정욕을 만족시켜 주는 장난감 됨을 면할 수가 없었다. … 그 같은 말을 들은 그의 어머니 마른하늘에서 벼락이 내리는 것 같아 그 일본인을 찾아가서 마음껏 분풀이도 하고 싶었고 또는 기왕 그리된 이상 일본인에게나마 자기 딸을 맡겨버리고 싶은 생각도 있었다 하나, 그러자면 그 색마는 자기 아들의 상관인데 전 가족의 생명을 매달고 있는 월급 자리를 떼이지나 않을까 겁이 나서 아무 말도 못하고 ….

출처: 「동아일보」, 1926. 1. 14 (윤문)

4
혼혈 자녀의 정체성 문제

　조선총독부의 '내선결혼' 선전에서 혼혈 자녀는 일본인과 조선인 사이 사랑의 결실이자, 두 민족의 영원한 결합을 상징했다. 그래서 선전용 가정 방문기에서는 화목한 가정에서 자라나는 명랑한 자녀들을 그려 냈다. 하지만 '내선결혼'을 환영하지 않던 사람들은 자녀에게도 좋지 않은 시선을 보냈다. 이는 아이들의 자존감과 정체성 형성에 나쁜 영향을 미쳤다. '내선결혼' 부모는 자녀들에게 사회의 이목이 쏠릴 것을 예상하면서 자녀를 어떻게 교육할지, 이웃 아이들과는 어떻게 교류시킬지 고민했다. 아예 주변과 자녀에게 '내선결혼' 사실을 숨기기까지 했다.

　일제강점기 혼혈 자녀가 어떤 경험을 하고 어떤 생각을 하며 살았는지 직접 알려 주는 자료는 드물다. 회고록이 몇 개 있지만, 1945년 해방 이후 편찬되어서 당대의 기록이라고 보긴 어렵다. 다만 약간의 신문 기사를 통해 당대 혼혈 아동의 상황을 짐작할 수 있다. 『중외일보』는 일본인 아버지와 조선인 어머니 밑에서 태어난 소년의 이야기를 전한다. 소년은 미국에서 태어나 5세 때 아버지와 조선에 왔고, 아버지가 죽자 초등교육을 마치고 도쿄로 갔다. 14세에 어머니를 만나러 미국으로 밀항하려다 붙잡혀서 도쿄에서 공부하고 고국으로는 돌아가지 않겠다고 말했다(1927년 8월 1일 자). 이때의 '고국'은 5세부터 10대 초반을 보낸 조선일 것이다. 『조선일보』 1935년 8월 27일 자 기사는 반대로 일본 오사카(大阪)에서 조선으로 건너온 혼혈 소녀의 이야기이다. 소녀는 조선인 아버지와 일본인 어머니 밑에서 태어나 일찍이 아버지를 잃고 13세 때 어머니마저 사망했다. 혼자 생계를 꾸려 가던 소녀는 어머니에게 들은 어렴풋한 기억에 의지해 조부모를 찾아 평양에 왔다. 두 사례는 부모가 사망한 후 아이들이 이웃의 도

조부모를 찾아 조선에 온 혼혈 소녀

출처: 『조선일보』, 1935.8.27

75

움을 얻지 못하고, 원래 살던 곳을 떠나 다른 곳으로 이주했음을 보여 준다. 밀항·고학(苦學)과 어렴풋한 기억에 기댈 만큼 원래의 삶은 팍팍했을 것이다.

'내선결혼' 가정에 대한 부정적인 시선을 알게 되면서 아이들은 스스로 자기 상황을 숨기기도 했다. 1927년 11월 26일 자 『중외일보』에는 그렇게 위축되어 살다가 극단적 선택을 한 혼혈 청년의 이야기가 실려 있다. 그는 일본인 아버지와 조선인 어머니 밑에서 태어나 어머니와 함께 생활했고, 일본인 중학교를 나와서 일본어 신문의 기자를 했으니 일본인과 만날 기회가 많았을 것이다. 그가 부모 이야기를 극도로 꺼린 이유는 어머니가 조선인임이 알려졌을 때 주변의 일본인들이 어떻게 나올지 두려웠기 때문인지도 모른다. 김사량의 소설 「빛 속으로(光の中に)」(1939)의 주인공 야마다 하루오(山田春雄)도 일본인 아버지와 조선인 어머니 사이에서 태어났으면서 '순수' 일본인인 척한다. 조선인 차별 때문에 '내선결혼' 부모나 아이들은 가능하다면 조선인 피가 섞인 것을 숨기려 했다.

광주학생독립운동(1929)에 참여한 이와시로 기누코(岩城錦子)는 특별한 사례이다. 이와시로는 일본인 아버지와 조선인 어머니 사이에서 태어났으나, 아버지는 죽고 어머니와 여동생 이광춘(李光春)과 함께 나주에서 살았다. 이광춘은 어머니가 조선인 남성과 재혼해서 낳은 아이다. 이와시로와 이광춘은 조선인 학교인 광주여자고등보통학교에 같이 다녔다. 이와시로는 광주학생독립운동의 발단이 되는 나주역 사건의 피해자이면서 비밀결사 '소녀회'의 창립(1928) 멤버로 활동하다가 체포되어 징역형을 선고받기도 했다. 이와시로 기누코는 '내선결혼'의 자녀이면서 사실상 조선인으로 살았고, '이금자(李錦子)'라고도 불렸다.

일본인은 일본인과 식민지민의 혼혈 자녀가 '이금자'처럼 일본인답게 자라나지 않음을 걱정했다. 조선과 대만에서 현지의 언어와 문화에 익숙해지고, 두 민족 사이에서 갈등하다 보니 부모가 모두 일본인인 사람보다 일본인 정체성이 약하다는 점이 문제였다. 한편에서는 일본인의 반성을 촉구하는 목소리도 있었다. 의사 미즈시마 하루오(水島治夫)는 혼혈아가 사회에서 활약하지 못하고 성품이 비뚤어지기 쉬운 이유는 그들의 자질 때문이 아니라 사회가 그들을 차별하기 때문이라고 명확히 지적했다. 그러므로 일본인은 백인종과 달리 인종 편견을 버리고 혼혈인을 차별하지 말아야 한다고 주장했다. 하지만 일본도 그리 다르지 않았고, 인종 편견 쪽으로 나아갔다.

「일본인과 조선인의 혼혈아 음독」

일본 아버지 조선 어머니, 그 처지가 곤란하여 비관, 민족적 갈등의 한 희생

이편에도 저편에도 서지 못하는 혼혈아의 딱한 처지를 비관하여 자살을 계획하였던 사건이 있었다. 그는 평양부 서성리(西城里) 130번지 야마네 요시오(山根義雄, 23세)로, 지난 23일 오후 5시경에 혼자서 평양정거장 부근 중국인 요리점 만성루(萬成樓)에 가서 맥주 한 병을 사먹고는 한 시간 너머나 아무 소식이 없으므로 주인이 이상히 여기어 가본즉, '가르모틴'을 먹고 고민하고 있으므로 즉시 부근 철도병원에서 응급 치료를 시켜 겨우 생명은 부지하게 되었다는바, 그의 가정에는 부친 야마네 씨가 지금 남선 지방에서 토목 공사에 종사하고 모친 윤 씨(58세)와 20세 된 아우의 세 식구가 지내고 있으며, 평양에서 일본인 중학교를 마치고 평양과 경성에서 작년까지 모 일본어 신문기자로 있다가 돌아와서는 무직으로 오늘까지 지내온바, 그는 근처 사람과 상종하기도 싫어하며 자기네 부모의 이야기 같은 것을 하면 더구나 말을 피하여 항상 적막한 일면을 가져오다가 마침내 혼혈아의 처지를 비관하여 자살을 계획하였던 것이라더라.

출처: 「중외일보」, 1927. 11. 26 (윤문)

미즈시마 하루오(水島治夫), 「일본 민족의 구성과 혼혈 문제(2)」

… 백인과 유색 인종의 혼혈은 대개 사회적으로 박대당해 왔다. 이는 그들 혼혈아의 자질, 재능이 떨어져서라기보다도 백인이 강한 인종 편견을 가지고 유색 인종을 멸시하며 혼혈아에게 충분히 재능을 발휘할 수 있는 지위를 주기를 허락하지 않았기 때문이다. 이래서는 혼혈아는 비굴해지고 비뚤어진 본성(根生)을 가질 수밖에 없다. 우리들의 피와 연결된 혼혈아를 대하는 우리의 태도가 백인의 그것과 같아서는 혼혈아를 만드는 것은 암의 토대(基)를 만드는 것에 다름 아님을 분명히 해 두지 않으면 안 된다.

출처: 『優生学』 221, 1942 (번역)

V

'내선결혼' 정책의 파탄과 그 이후

1
'내선결혼' 증가에 대한 기대와 우려

　마지막 장에 들어가기 전에 지금까지 살펴본 내용을 정리해 보자. 일제는 '강제병합' 초기 조선인 동화정책과 '내선결혼'에 낙관적이었다. 조선과 일본의 법령 차이 때문에 혼인 신고를 제대로 처리하지 못하던 1910년대에도 서로 가족이 되려는 사람들이 있었다. '내선결혼' 당사자들이 가족관계를 인정해 달라고 요구하자 일제는 문제가 되는 법령을 최대한 제거했다. 조선총독부는 조선인이 민족 차별을 느낄까 걱정하면서 일본 정부보다 적극적으로 나섰다. 그리고 '내선결혼'을 통해서 조선인과 일본인이 서로 융화하고 조선인의 생활양식이 일본인화되기를 기대했다. 그러나 1920~1930년대 축적된 사례들은 조선인의 생활양식이 '내선결혼'으로 일본인화되는 데 한계가 있다는 점, '내선결혼'이 오히려 불화를 일으키기도 한다는 점을 드러냈다. 중일전쟁(1937) 이후 '내선일체' 선전을 강화하면서도 '내선결혼'을 적극 장려할 직접적·실질적인 시책을 시행하지 않은 것은 이 때문이었다. 식민 통치 당국의 기대를 벗어난 현실 앞에서 일제는 '내선결혼'에 대한 기대를 거두었다. 아래에서는 통계를 통해 이 점을 다시 확인해 보자.

'내선결혼' 통계에 먼저 관심을 보인 것은 조선총독부였다. 조선총독부는『조선총독부관보』1919년 7월 17일 자를 시작으로, 1920~1930년대 거의 매년 관보 및 신문·잡지의 지면에 '내선결혼' 통계를 공개했다. 경찰은 호구조사를 하면서 조선에서 동거하는 '내선결혼' 부부를 파악했고, 매년 말 전국의 조사 결과를 집계했다. 여기에는 혼인 신고를 하지 않은 부부도 포함되었다. 조선총독부는 이 통계를 공개했다. 아래는 통계

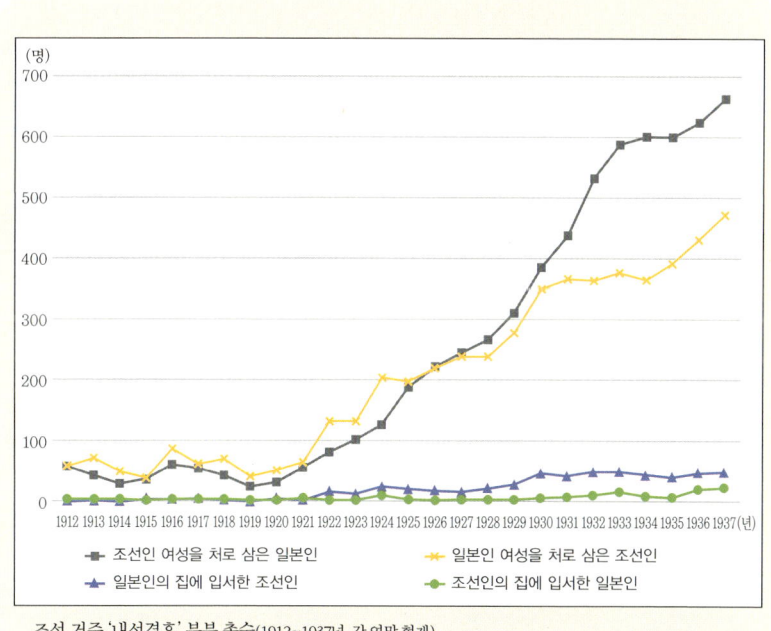

조선 거주 '내선결혼' 부부 총수(1912~1937년, 각 연말 현재)

출처: 이정선,『동화와 배제』, 역사비평사, 2017, 209쪽 〈그림 2-3〉

들을 다시 그래프로 나타낸 것이다.

　그래프를 보면 조선에 거주하는 '내선결혼' 부부의 총수가 1910년대에는 대체로 미미하게 유지되다가, 1920년대 들어 증가했음을 알 수 있다. 이은과 나시모토노미야 마사코의 결혼(1920), 조선총독부령 제99호의 시행(1921)이 영향을 미쳤을 것이다. 1920년대 도시화의 진전도 민족 간 접촉의 기회를 넓혔다. '내선결혼' 부부는 일본인이 많이 살던 경기도와 경상남도, 특히 도시 지역인 부(府)에 많이 살았다. 상업 및 교통업, 공무 및 자유업에 많이 종사했고, 농림 및 목축업과 공업이 그 다음이었다. 조선인과 일본인은 대체로 사람의 이동과 접촉이 많은 공간과 직종에서 만날 수 있었고, '내선결혼'은 대개 자연스러운 만남의 결과로 이뤄졌다.

　조선총독부는 '내선결혼' 부부의 총수가 증가하기 시작하자 통계를 공개했다. 그리고 '내선결혼' 부부 모두가 사이좋게 살며 해마다 놀라운 수

모두 사이좋은 '내선결혼' 부부
출처: 『매일신보』, 1928.4.16

해마다 증가하는 '내선결혼' 부부
출처: 『매일신보』, 1934.5.12

로 증가하고 있다고 강조했다. '내선결혼' 통계의 공개는 그 자체로 '내선융화'의 진전을 보여 주는 선전이었다. 하지만 이 통계에서 조선에 사는 '내선결혼' 부부의 수는 1937년 1,206쌍이 최고치이다. 조선 거주 총인구의 0.01%밖에 안 된다. 모두가 사이좋게 산다는 것도 거짓말이다. 혼인 신고를 했든 하지 않았든, 우리가 앞 장에서 살펴본 갈등과 사회문제를 껴안은 경우가 적지 않았다. 또 1926년 이후 일본인 남편과 조선인 아내 부부가 조선인 남편과 일본인 아내 부부보다 많아지는 가운데, 특히 1930년대 전반에 그 격차가 벌어지는 것에도 주목할 만하다. 그래프를 보면 이때 일본인 남편과 조선인 아내 부부는 크게 증가한 반면, 조선인 남편과 일본인 아내 부부의 수는 정체되었다. 경제대공황(1929) 때문에 조선인 남성은 일본인 아내를 부양할 경제력을 갖지 못하고, 조선인 여성은 빚 대신 일본인 남성의 아내로 팔려 가는 상황을 가리킨다.

일본 정부는 비교적 '내선결혼'에 관심이 적었던 듯하다. 조선총독부와 달리 일본 본토에 거주하는 '내선결혼' 부부의 총수를 집계하거나 공개한 흔적이 없다. 1938년 시작된 인구동태통계조사부터 일본 본토 전체의 양상을 확인할 수 있다. 인구동태통계조사는 1년 동안의 '내선결혼' 혼인 신고 건수를 집계한 것이므로 법률혼만 포함하고 조선, 일본, 기타 지역을 모두 포괄한다. 그런데 1938~1942년 인구동태통계에 따르면 놀랍게도 '내선결혼'은 식민지 조선보다 일본 본토에서 열 배가량 많이 이뤄졌고, 조선인 남편과 일본인 아내 부부가 압도적으로 많았다. 중일전쟁(1937) 이후 일본인 남성이 해외로 나가 일본 본토에 노동력이 부족해지자 일본 정부는 조선인의 일본 이주를 억제하던 방침을 뒤집고 1939년부터 조선인을 대거 동원했다. 이로 인해 홀로 건너온 조선인 남성이 급증했다. 황

각 연도 '내선결혼' 혼인 신고 건수(1938~1942년, 인구동태통계조사 결과)

(단위: 건)

		일본인 남편-조선인 아내			조선인 남편-일본인 아내				합계
		보통	초서	총수	보통	입부	서양자	총수	
1938	조선	51		51	13	7	3	23	74
	일본	9		9	556	168	78	802	811
	기타	8		8	9	4	1	14	22
1939	조선	72		72	21	4	2	27	99
	일본	27		27	615	179	66	860	887
	기타	6		6	6	4	3	13	19
1940	조선	70	3	73	27	5	1	33	106
	일본	16		16	819	168	81	1,068	1,084
	기타	8		8	13	2		15	23
1941	조선	71		71	43	4	3	50	121
	일본	30		30	946	220	62	1,228	1,258
	기타	12		12	23	1	1	25	37
1942	조선	25		25	43	4		47	72
	일본	134		134	1,028	202	54	1,284	1,418
	기타	13		13	23	4		27	40

출처: 이정선, 『동화와 배제』, 역사비평사, 2017, 345쪽 〈표 3-5〉

*초서: 데릴사위

국신민화 정책과 내선일체화 정책은 일본인과 조선인을 겉으로 구별하기 어렵게 했고, 또 구별하지 말아야 한다는 의식을 확산시켰다. 이 같은 시대적 상황 속에서 1930년대 후반 '내선결혼'은 명백히 일본 본토의 현상이 되었다.

그러자 일본 정부는 '내선결혼'의 증가를 바람직한 현상이 아니라, 예의 주시해야 할 문제로 인식했다. 일본 경찰은 1939년 말 현재 일본에 거주하는 '내선결혼' 부부의 총수를 집계했다. 조선총독부의 1912~1937년 통계와 같은 방식이지만, 외부에 공개하지 않은 내부 보고용 자료였다. 또 조선총독부 자료보다 조사 항목이 자세하다. 이에 따르면 조선인 남편과 일본인 아내 부부가 9,577쌍으로 절대다수였고, 그중에서도 혼인 신고를 하지 않은 내연의 부부(7,214쌍)가 혼인 신고를 한 입적 부부(2,363쌍)보다 세 배 정도 많았다. 직업적으로 보면 남성은 고물상 및 행상인, 토목 건축 등 노동자가 많고, 여성은 농업과 노동자, 접객업자가 많았다. 정부의 시책에 충실한 상층이 아니라 일상생활을 하면서 다른 민족과 부대낄 수밖에 없는 중하층 사람들이 주로 '내선결혼'을 해 온 것이다. 일본 경찰은 '내선결혼'을 통해 자연적 혼혈이 이뤄진다고 보면서도, 이를 생각해 봐야 할 현상이라고 언급했다. 기대보다는 우려를 담은 표현이었다.

일본 거주 '내선결혼' 부부 총수 (1939년 12월 말)

	조선인 남편-일본인 아내					일본인 남편-조선인 아내					
	부부 수(쌍)			자녀 수(명)			부부 수(쌍)			자녀 수(명)	
	내연	입적	계	남	어	계	내연	입적	계	남	어	계
총계	7,214	2,363	9,577	7,855	7,837	15,692	133	50	183	86	88	174

출처: 內務省 警保局 保安課, 「朝鮮人運動の狀況」, 『特高月報』, 1940.9, 96-100쪽

일본 거주 '내선결혼' 부부의 직업 (1939년 12월 말)

(단위: 명)

	조선인 남편	일본인 아내	일본인 남편	조선인 아내
유식적 직업	245	44	9	2
자동차 운전자	435	1	4	
토목건축 노동자	1,211	81	11	5
하역 노동자(仲士)	195	5	7	
직공	939	93	23	1
섬유여공		812		8
기타 노동자	1,684	695	33	11
고물상 및 행상인	2,508	319	8	7
농업	541	1,369	14	24
접객업자	336	836	10	23
기타	1,483	5,322	64	102
합계	9,577	9,577	183	183

출처: 金英達, 「日本の朝鮮統治下における「通婚」と「混血」」, 『關西大學人權問題研究室紀要』 39, 1999, 33쪽 〈표 5〉

2
일본인의 순수성을 보호하라

　일본 정부에서는 1938년 신설된 후생성이 '내선결혼' 증가에 가장 민감하게 반응했다. 이 시기 일본은 노동력과 병력의 부족에 부딪혔다. 후생성은 국가 차원에서 인구를 관리해서 질 좋은 인적 자원을 풍부하게 생산해 내는 것을 목표로 삼았다. 인구정책을 수립하는 데 필요한 조사나 연구도 담당했는데, 혼혈이 일본인의 양과 질에 미치는 영향도 중요한 연구과제였다.

　혼혈과 인구정책에 대한 관심은 우생학(優生學)과 관련된다. 19세기 후반 영국에서 시작된 우생학은 인류의 질을 높이거나 낮추는 요인을 연구하고 사회가 그 요인을 통제하는 것을 목표로 삼았다. 인종차별주의와 결합해서 이민과 혼혈을 퇴화의 원인으로 지목했고, 대개 결혼과 출산을 통제했다. 제2차 세계대전 당시 독일 나치의 유대인 학살은 그 극단적인 경우이다.

일본인의 혼혈 연구는 1940년대 본격화되었다. '내선혼혈'에 대한 연구 결과는 1941년 11월 처음 공개되었다. 일본 규슈(九州)제국대학의 미즈시마 하루오가 조선과 일본에 사는 '내선혼혈' 아동 482명의 체격(키, 앉은키, 가슴둘레, 체중), 지능(학업 성적), 발육 및 영양 상태, 질병 결석 일수, 품행 등을 조사했다. 조선인, 일본인, 혼혈인 아동을 서로 비교함으로써 혼혈이 체격과 체력, 지능과 품행 발달에 미치는 영향을 살펴보려는 연구였다. 일본 게이오(慶應)대학의 노다 이치오(野田一夫)는 1943년 '내선결혼' 가족에 대한 두 편의 논문을 발표했다. 미즈시마와 같은 목적에서 혼혈 아동 206명의 신체 발육 상태를 조사한 연구와 혼혈 가족에 대한 인류학적 연구였다. 혼혈 가족에 대한 연구는 조선인 남편과 일본인 아내 부부 27쌍과 그들의 자녀 81명을 대상으로, 머리·얼굴·이마의 모양, 코와 콧구멍의 모양, 쌍꺼풀 유무, 눈이 찢어진 방향과 크기, 눈동자 색깔, 피부색, 머리카락의 모양과 색 등을 조사했다. 신체를 측량해서 조선인과 일본인의 인종적 특징을 확인하고, 혼혈 자녀에게 누구의 형질이 나타나는지 또는 누구의 형질이 우성 형질인지 파악하려는 연구였다. 다음 페이지의 사진은 이때 촬영된 가족사진이다. 일본학술진흥회와 문부성(각각 우리나라의 한국연구재단과 교육부에 해당한다)이 연구비를 지원했다. 일본 정부는 일본인과 조선인이 다른 종류의 인간이라고 보고, 혼혈의 결과를 파악하는 데 진심이었다.

연구 결과는 다소 의외이다. 첫째, 일본인, 조선인, 혼혈인 사이에는 뚜렷한 인종적 차이가 없었다. 일본 민족은 이미 고대에 혼혈하며 형성되었고, 아시아 민족이 혼혈한다고 별문제가 생기지 않으리라는 것은 상식이었다. 1940년대 일본 정부는 상식을 의심하고, 굳이 과학의 이름으로 재확인한 셈이다. 둘째, '내선혼혈' 아동의 체격이 부모가 모두 조선인 또는

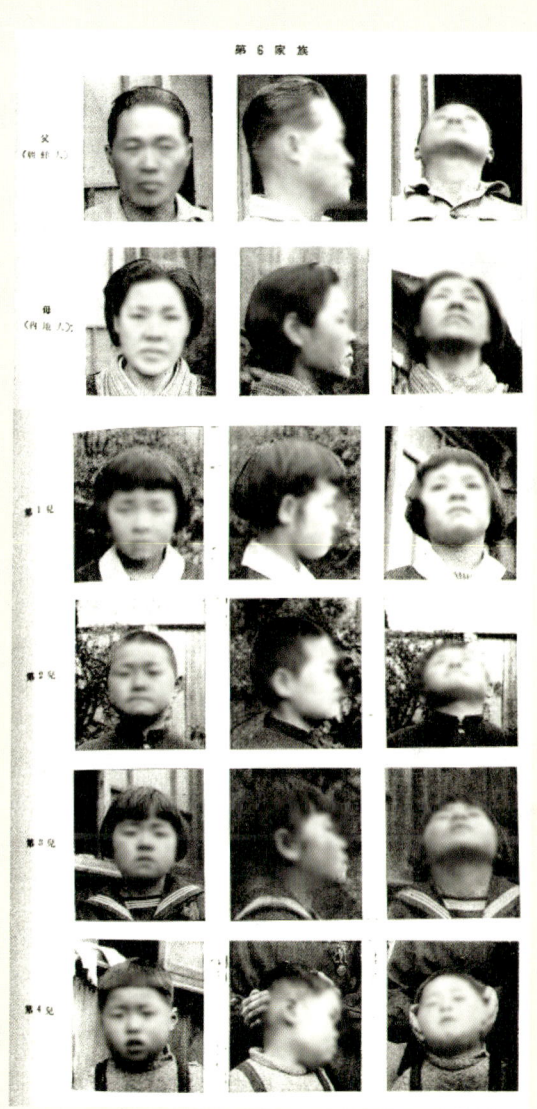

'내선결혼' 가족의 안면 측정 사진
출처: 野田一夫, 「內地人ト朝鮮人トノ混血兒ニ就テノ遺傳生物學的硏究(第1編)-混血家族ニ就テノ人類學的硏究」, 『人類學·人類遺傳學·體質學論文集(第三冊)』, 1943

일본인인 아동보다 좋았다. 혼혈이 인종의 퇴화가 아니라 발달 요인인 셈이다. 이는 일본의 아시아 침략에 힘을 실었다. 일본은 아시아를 서구의 백인종에게서 해방시킨다는 명분으로 아시아·태평양전쟁을 벌였다. 그리고 '지도'를 빌미로 각 지역에 일본인 지배자를 파견했다. '내선혼혈' 연구는 이들이 현지인과 혼혈해도 괜찮다고 알려 주었다. 상대가 우수하다면 통혼을 장려해도 좋다고 했다. 우수한 부모에게서 우수한 자손이, 열등한 부모에게서 열등한 자손이 태어난다는 이유에서였다. 1940년대 조선총독부가 우수하다고 판단한 일본인화된 상층 위주로 '내선결혼'하기를 바란 것도 이와 통한다. 일본에 협력적인 소수의 현지인과는 통혼·혼혈해도 괜찮았다.

문제는 '내선결혼'은 일본 본토에서 이뤄졌다는 데 있다. 당시 한 연구자는 일본에 동원된 조선인은 하층 노동자이고 소질이 불량하므로, 이들과 혼혈하면 일본인의 자질이 떨어질 수 있다고 주장했다. 조선인의 소득과 학력이 낮았던 것은 사실이다. 하지만 기회가 없었기 때문이지 능력이 부족했기 때문은 아니다. 그럼에도 위의 연구자는 조선인과 일본인의 인종적 차이를 부정해서 식민지와 점령지의 혼혈을 용인하면서 다른 한편에서는 소득과 계층의 차이를 근거로 일본 본토의 '내선결혼'에 반대했다. 하지만 통치 당국과 정책 연구자의 바람과 달리, 동화되지 않은 하층 조선인과 일본인의 결혼이 일본 본토에서 급속히 증가했고, 그것이 '내선결혼'의 절대다수였다.

그러자 후생성 일각에서는 일본인의 '내선결혼'과 혼혈 자체를 부정했다. 대놓고 말하지는 못했지만, 1942~1943년 생산된 극비 자료들에 그러한 시각이 드러난다. 자료에 따르면 1940년 현재 일본에 거주하는 조선인 남성은 조선인 여성과 결혼할 때보다 일본인 여성과 결혼할 때 더 혼인 신고를 안 했다. 일본인 여성을 첩으로 삼은 중혼적 내연관계도 상당했다. 후생성은 조선인 남성과 일본인 여성의 '내선결혼'이 많은 이유를 조선인 남성의 정복욕과 일본인 여성의 부주의 탓으로 돌렸다. 창씨개명 등 내선일체 정책도 문제라고 지적했다.

후생성 조사 재일조선인 남성의 결혼 유형(1940년)

(단위: 명, %)

		조선인 부부		조선인 남편-일본인 아내 부부	
		실수	백분율	실수	백분율
법률혼	일반혼인	44,376	96.0	858	55.0
	입부혼인	256	0.6	132	8.5
내연관계	중혼적	599	1.3	128	8.2
	단혼적	781	1.7	429	27.5
미상		205	0.4	12	0.8
합계		46,217	100.0	1,559	100.0

출처: 厚生省 人口問題硏究所, 『(極祕)大東亞建設民族人口資料14: 內地在住朝鮮人出産力調査槪要』, 1942, 47쪽

또 '내선결혼' 가정 남편의 범죄 이력, 결혼 동기, 부부 관계, 처가의 경제 상태를 조사하고, 혐오 섞인 해석을 덧붙였다. 결혼 동기 중 가장 많은 '사랑'은 부모의 허락을 받지 못한 '밀통'이며, 부부 관계가 원만하고 남편의 범죄 이력이 적은 이유는 같이 사는 부부만 조사했고 당사자가 기재했기 때문이라는 식이다. 범죄자 조선인, 화목하지 못한 '내선결혼' 부부가 적을 리 없다는 확신이 느껴진다. 처가의 경제 상태가 대개 중하류인 것에서는 '사회적 지위가 낮은 이들이 잡혼(雜婚)한다'는 원칙을 확인했

후생성 조사 재일조선인 남성의 '내선결혼' 실태(1940년)

(단위: 명)

	남편의 범죄 이력			결혼 동기							부부 관계			처가의 경제 상태			
	유	무	기재X	허혼	맞선	사랑	사기	협박	폭행	기재X	원만	불화	기재X	상류	중류	하류	기재X
홋카이도	30	221	155	11	128	112	5		1	150	253	3	151	3	105	149	150
도쿄	84	371	27	5	133	308	15		1	15	442	19	15	14	215	231	15
가나가와	26	103	3	1	68	64	3				132	5		5	51	81	
아이치	8	103	9		21	64	3			32	97	4	19	1	38	57	25
오사카	5	96	101	4	18	68	7			105	97	3	102		53	46	103
야마구치	4	58	12	1	26	32				15	56	3	15	1	29	29	15
후쿠오카	2	76	1	1	36	37	1			4	74	2	3	1	25	49	4
도야마	4	49			18	32	2			1	48	4	1	3	16	21	13
합계	163	1,077	308	23	448	717	36	1	1	322	1,199	43	306	28	532	663	325

출처: 厚生省 人口問題研究所,『(極秘)大東亞建設民族人口資料14: 內地在住朝鮮人出産力調査槪要』, 1942, 55쪽

다고 한다. '잡혼'이라는 표현에서부터 혼혈 자체를 천시함이 드러난다.

'내선결혼'과 혼혈을 부정하는 이들은 일본인의 순수성을 중시했다. 동질적 문화야말로 국민정신 통합의 토대인데, 통혼과 혼혈이 그것을 방해한다고 보았다. 이것이 내선일체 정책으로 조선인에게 일본어 사용과 신사참배를 강제하면서도 '내선결혼'은 적극 장려하지 않은 이유이기도 하다. 조선인의 문화와 정신은 일본인화해야 하지만 일본인은 통혼과 혼혈에 동원되지 말아야 했다. 이로써 일본의 '내선결혼' 정책은 파국을 맞이한다. 원래 동화정책은 식민지 조선에서 조선인을 일본인화하기 위해 도입되었다. 하지만 '내선결혼'으로 일본인이 조선인화되기도 하고, 조선

인 남성이 일본 본토에서 일본인 여성을 처첩으로 삼았다. 이처럼 '내선결혼'이 기대와 달리 일본인의 순수성을 위협하자, 일본 정부는 동화정책과 '내선결혼' 장려의 취지를 포기했다.

후생성연구소 인구민족부의 '내선결혼' 견해

… 내지에 거주하는 조선인이 대부분 조선의 하층민임에도 불구하고 지도 민족인 내지인 여자와 성관계를 맺는 경우가 많은 것은 한편으로는 내지인 여자를 처로 삼음으로써 정복감을 만족하는 데 있는 것이지만, 또한 내지인 여자의 부주의에 기인한 것이다. 조선에 거주하는 내지인 여자가 조선인 남자와 결혼하는 경우는 심히 적은데도 불구하고 내지에서는 내지인 여자가 조선인 남자와 결혼하는 경우가 심히 많은 것은 내지인 여자가 조선인의 성정을 알지 못하고 그들을 내지인으로 오인하거나 또는 그 감언(甘言)에 속아서 자포자기의 상태가 되는 것을 나타낸다(과도한 내선일체론 및 창씨개성에서 기인한 비극적 측면). 따라서 이로부터 태어난 혼혈아는 지능, 체력에서 내지인과 현저한 차이가 없음에도 불구하고, 성격이 비뚤어지고 부끄러움을 모르며 국가 정신이 희박한 자가 많은 것은 당연할 것이다. …

출처: 厚生省研究所 人口民族部, 『大和民族を中核とする世界政策の検討』, 1943, 328-330쪽 (번역)

후생성연구소 인구민족부의 통혼과 혼혈에 대한 견해

잡혼의 폐해
1. 잡혼은 대개 성욕 충동을 만족하기 위해 이뤄진 것이므로 품행의 저하를 수반하고, 이 점을 우생학적으로 고려하면 역도태가 이루어지기 쉬운 것.
2. 잡혼은 문화, 전통, 사회제도가 다른 인종 간의 조합이므로, 가족생활, 행사, 신앙, 교육 등에서 전통이 파괴되는 것.
3. 부모가 배우자를 선택하는 경우에는 이민족을 고르지 않는다. 따라서 잡혼은 대개 자유연애를 기초로 하고, 부모의 반대를 공공연히 또는 암묵적으로 무릅쓰고 이루어지는 것이기 때문에 가족제도의 해체를 수반하는 것.

4. 잡혼은 같은 민족에게 배척당하기 때문에 사회적으로 고립되는 것.
5. 많은 경우 잡혼 부부는 그 민족의 평균자보다도 사회적 지위나 지능이 열등한 자이기 때문에 그 점에서 퇴화 현상이 발생하는 것.

혼혈아의 결함
1. 부모의 민족은 어느 쪽이든 도태 작용을 통해 그 외부 세계에 적응한 것이다. 따라서 혼혈아는 인종 교잡(交雜)의 결과 그 부모가 적응한 특질의 일부를 상실하거나 혹은 다른 부모의 적응하지 않은 특질로 환치된다.
2. 평균적 체질이 다른 종족 간에 교잡이 이뤄진 결과, 혼혈아는 두 인종의 중간적 특질을 가지거나 또는 중간적인 것과는 완전히 다른 기존에 없던 재결합을 다수 발생시키는 것. 따라서 변질 이성(異性)을 늘리는 것.
3. 혼혈아는 이미 도태 작용을 통해 조화된 독립적 조화체형인 두 종족의 특질을 짜깁기(寄木細工)식으로 유전받기 때문에 부조화체형이 되는 것.
4. 혼혈아는 병에 대한 저항력이 약한 것.
5. 혼혈아는 잉태 능력(姙孕力)이 감퇴하는 것.
6. 혼혈아는 성격적으로 의뢰심, 사대주의, 무책임, 의지박약, 또는 허무적 성격, 파산적 경향을 갖는 것.
7. 혼혈아는 부모 중 어느 쪽의 문화에도, 사회에도 속하지 않는 무적자적 존재가 되는 것.
8. 혼혈아는 민족적, 국가적 관념이 박약한 것.
9. 혼혈아는 세대를 거듭함에 따라 잡혼을 거듭함으로써 원주민 유형에 기울기 쉬운 것.
10. 혼혈아의 인구가 다수인 때는 부모의 종족과 다른 새로운 사회를 크게 구성하여, 더욱더 부모의 계통 민족과 분리되어 가는 것.

출처: 厚生省硏究所 人口民族部, 『大和民族を中核とする世界政策の檢討』, 1943, 303-308쪽 (번역)

3
해방 이후 '내선결혼' 가족의 행방

    1945년 8월 15일, 일본이 연합국에 무조건 항복하면서 우리나라는 해방을 맞았다. 북위 38도선을 기준으로 한반도 남쪽에는 미군이, 북쪽에는 소련군이 주둔해서 패전국인 일본의 군인을 무장 해제시키는 한편 일본인을 일본으로 돌려보냈다. 한국의 해방 또는 일본의 패전은 '내선결혼' 가족에게 중요한 전환점이 되었다. 1910년 강제병합으로 통합되었던 한국과 일본이 다시 두 개의 나라로 분리되었기 때문이다. 그에 따라 '내선결혼' 가족은 한국과 일본 둘 중 어느 한쪽의 영토 또는 국적에 속해야만 했다. 남한과 북한의 상황은 다소 다른데, 여기서는 남한(대한민국)의 상황을 중심으로 해방 이후 '내선결혼' 가족의 행방을 되짚어 보자.

    먼저 재산이 문제가 되었다. 1945년 9월 미군정(美軍政)은 남한 유일의 통치기구임을 자임하고, 1945년 8월 7일 현재 조선에 있던 일본인의 재산을 미군정에 귀속시켰다. 이른바 '적산(敵産)', 즉 적의 재산이다. 이때 재산을 몰수해야 할 '일본인'은 누구일까? 미군정은 일본 호적에 있는 사람을 기준으로 삼았다. 혼인을 하면 보통 아내가 남편 호적에 들어가고, 조선인 남성은 입부·서양자 입양 혼인을 통해 일본인 아내의 호적에도 들어갔다. 1940년부터 일본인 남성도 조선인 여성과 서양자 입양 혼인을 할 수 있었지만 사례는 거의 없었고, 그조차 해방 이후 무효 처리되었다. 결국 원래 조선인이었더라도 일본인 여성과 입부·서양자 입양 혼인을 한 남성, 일본인 남성과 혼인을 한 여성은 '일본인'으로 취급되어 재산을 몰수당했다. 물론 혼인 신고를 한 경우만 그랬다. 내연의 '내선결혼' 부부는 호적에 혼인 기록이 없기 때문에 각각 원래의 신분에 따랐다.

다음으로는 체류 자격이 문제가 되었다. 미군정은 모든 일본인에게 1946년 3월 중 남한에서 퇴거하라고 했다. 이때의 '일본인'은 강제병합으로 일본 국민이 된 원래의 한국인을 제외한 모든 일본인이었다. 당시 호적상 일본인이든 한국인이든 상관없이, 1910년을 기준으로 봤을 때 일본인이라면 모두 퇴거 대상이었다. 이에 따르면 '내선결혼' 부부는 생이별할 수밖에 없다. 부부 중 원래의 일본인은 남한을 떠나야 했기 때문이다.

그런데 미군정은 성별에 따라 다시 다른 원칙을 세웠다. 일본인 남성은 반드시 퇴거해야 하지만 한국인 남성과 결혼한 일본인 여성은 영구 체류 허가를 신청할 수 있었다. 심지어 혼인 신고하지 않은 내연의 부부나 첩인 경우라도 본처의 승낙서만 있다면 허가받을 수 있었다. 아내는 남편의 고향(시가)에서 살아야 한다는 가부장적 인식을 반영한 정책이다. 이로써 남한에서는 한국인 남편과 일본인 아내 부부만 동거할 수 있었다. 일제강점기 조선에는 일본인 남편과 조선인 아내 부부가 더 많았지만, 이들은 아내가 남편을 따라 일본에 가지 않는 이상 헤어져야 했다.

미군정기(1945~1948) 남한 거주 '내선결혼' 부부의 법적 지위

	조선인 남편-일본인 아내			일본인 남편-조선인 아내		
	법률혼		내연(남/여)	법률혼		내연(남/여)
	혼인	입부·서양자		혼인	입부·서양자	
호적	조선	일본	조선/일본	일본	조선	일본/조선
재산 몰수	×	○	×/○	○	○(추정)	○/×
남한 동거	가능	가능	가능	불가	불가(추정)	불가

출처: 이정선, 「탈식민 국가의 '국민' 경계: '내선결혼' 가족의 법적 지위를 중심으로」, 『'성'스러운 국민』, 서해문집, 2017, 172쪽

   남한에서 동거할 수 있던 한국인 남편과 일본인 아내의 삶도 순탄하지는 않았다. 일본인에 대한 한국인의 분노가 폭발했기 때문이다. 해방이 되자 일본에 강제동원되었던 한국인이 대거 귀환하였다. 일본에서 일본인 여성과 결혼한 남성도 돌아왔다. 한 남성은 홋카이도(北海道) 탄광에 징용되었다가 일본인 여성과 결혼하고 1946년 초 한반도로 건너왔는데, 반일 감정이 생각보다 강한 데 놀라서 아내에게 절대로 일본인인 티를 내지 말라고 했다. 한국인들은 일본인 아내가 있는 집에 돌을 던지며 '일본인의 집'이라고 욕했다. 시가에서도 일본인 며느리를 반기지 않았다. 1947년 남조선과도입법의원은 일본인과 결혼한 자로서 일본 또는 자기 이익을 위하여 동포에게 해를 끼친 악질 행위자를 부일협력자로 규정하기도 했다(『조선일보』, 1947년 3월 5일 자). 당시 한국인들이 '내선결혼'한 사람은 '친일파'일 가능성이 높다고 생각했음을 엿볼 수 있다. 하지만 앞에서 살펴보았듯 실제로는 일본의 정책과 무관하게 서로 사랑해서 결혼해 일상생활을 함께 나누었던 중하층 사람들이 절대다수였다. 일제의 과도한 '내선결혼' 장려 선전 때문에 '친일파'라는 낙인이 일부가 아닌 모든 '내선

부부에게 찍힌 셈이다. 그러자 많은 한국인 남편이 일본인 아내를 외면했다. 가정불화, 언어불통, 생활난 등에 시달리던 일본인 아내는 일본으로 돌아가거나 혹은 정착해서 살면서 완전히 한국인으로 동화되었다.

일본으로 돌아가는 일본인 아내들

출처: 『우리신문』, 1947.9.18

일본의 동화정책과 '내선결혼한 사람=친일파'라는 인식은 대한민국 정부 수립 이후에도 영향을 끼쳤다. 1948년 12월 제정된 법률 제16호 '국적법'은 출생 당시 아버지가 대한민국 국민인 자에게 대한민국 국적을 부여한다고 했다. 부계 혈통주의를 국적 취득의 제일 원칙으로 삼은 것이다. 또 대한민국 국민과 결혼한 외국인 여성은 대한민국 국적을 자동 취득했다. 일제강점기 호적제도를 재활용하면서 자녀를 아버지의 호적에, 아내를 남편의 호적에 귀속시킨 결과였다. 호적제도와 가족법처럼 부계 혈통주의에 입각한 제도는 일본의 제도를 이었으면서도 한국의 전통으로 재인식되었다.

'국적법' 제정 당시 국회의 논의를 살펴보면 꽤나 흥미롭다. 특히 대한민국 국민과 결혼한 외국인 여성에게 국적을 부여한다는 방침은 강력한 반대에 부딪혔다. 반대한 이유는 크게 두 가지였다. 하나는 단군의 혈통을 받은 단일민족의 순결성을 지키기 위해서, 다른 하나는 외국인 여성과 결혼한 사람은 '민족반역자'가 되기 쉽기 때문에 가급적 국제결혼을 막아야 한다는 생각이었다. 그 근거가 된 것이 '내선결혼'이었다. 일제의 동화정책과 '내선결혼' 장려 선전은 1945년 해방과 함께 중단되었다. 하지만 일제시기의 경험은 새롭게 민족·국가 정체성을 세우려는 한국인에게 부계 혈통을 중심으로 한 단일민족 의식과 국제결혼에 대한 반감을 남겼다.

「국적법안 제2독회(1948.12.2)」

…「제3조 다음 각호의 1에 해당한 외국인은 대한민국의 국적을 취득한다.
1. 대한민국의 국민의 처가 된 자
2. 대한민국의 국민인 부 또는 모가 인지한 자
3. 귀화한 자」
… ○박윤원 의원: 이 문제를 우리가 신중히 생각해 볼 때 우리나라의 국적을 취득하는 데 단순한 결혼이라는 이것으로서 국적을 취득한다는 것은 너무나 경솔하다고 생각합니다. 간단히 말씀드리자면 단군의 혈통을 받은 우리 대한민국은 단일민족의 순결성을 보지하기 위해서 혼합결혼을 우리는 방지하지 않으면 안 되리라고 생각합니다. …

○ 이성학 의원: … 히틀러가 자기 나라 대독일을 건설한다는 그 의미에서 자기 민족의 혈통을 갖다가 순결히 해야 한다는 그러한 의미에서 유태 민족을 박해를 하고 또는 타민족과 결혼하는 것은 허락하지 않는다고 해서 그로 인해서 독일이 망했습니다. 또한 유태가 그러한 예를 가지고 있습니다. 유태는 소위 선민주의라는 사상을 가지고 타민족하고는 결혼을 못 하게 했습니다. 그래서 타민족과는 결혼을 못 하게 한 그런 의미에서 그런 보수적인 사상이고 해서 어데 가든지 유태 민족은 배척을 받았습니다. 우리 대한민국은 동양 한구석에 났지만 바야흐로 세계무대에 우리 민족성을 웅비할 이때에 우리 민족만이 우수하다고 이러한 자부심 자교심 이런 생각을 갖는 것은 대국민으로서 절대 금물입니다. …

○ 김명동 의원: 우리는 자랑거리가 반만년 동안 역사가 있는 민족이기 때문에 단일민족이라는 것은 세계적으로 자랑거리입니다. … 만일 이 조문을 넣는다고 하면 불과 몇 달 안 가서 우리 한국에는 일본 년 천지가 되고 말 것입니다. 여러분 그것을 생각 못해요? …

○ 박기운 의원: … 왜정시대를 회고해 보십시오. 현실에 민족반역자니 친일파이니 하는 악질적인 분자가 외국 년을 얻어 가지고 있다는 것은 대부분이 지금 현실에 드러나지 않고 있습니다. 만일 이 조문을 살린다고 할 것 같으면 추후에 우리 민족은 친미적인 분자가 어느 정도까지 속출될는지 모를 것이고 친소분자가 어느 정도까지 속출될는지 모를 것입니다. 그럴 것 같으면 민족의식은 다 도망하고 왜 독립을 하려고 합니까? 우리는 민족을 살리기 위해서 국토를 찾으려고 하는 우리들입니다. 그럴 것 같으면 이 조항은 절대적으로 없애야 할 것입니다. 반면에 이 조항이 생긴다고 할 것 같으면 우리 민족의 따님이든지 여성은 외국 사람들과 다 같이 결혼한다는 그러한 심리를 양성시키는 데에 불과합니다. …

출처: 국회사무처, 『제1회 국회속기록』 제119호 (윤문)

4
지금 '내선결혼'을 다시 생각하기

　이제 책을 마무리하며 2023년 현재 일제강점기의 '내선결혼'을 살펴보는 의미를 생각해 보자.
　첫째, '내선결혼' 이야기는 역사를 바라보는 시야를 넓히고 역사적 사고력을 길러 준다. 한국의 근대 역사학은 민족주의를 토대로 발전해 왔다. 신채호는 『독사신론(讀史新論)』(1908)에서 단군의 후예인 부여족을 주인공으로 삼고, 시간의 흐름에 따른 부여족의 흥망성쇠와 대외 교류 양상을 서술하는 역사서를 지향했다. 민족주의 역사학에서는 민족과 그 결정체인 국가가 중심을 차지한다. 그 스토리를 따라가다 보면 우리도 민족과 국가를 중심으로 생각하기 쉽다.
　하지만 역사는 그렇게 단순하지 않다. 조선시대를 생각해 보자. 조선 사람과 일본 사람은 물론 다르다. 그러나 같은 조선 사람이라도 왕족과 양반, 노비 사이에는 어마어마한 신분의 벽이 놓여 있었다. 같은 신분이라도 남성과 여성의 삶은 또 매우 달랐다. 근현대에도 민족(인종), 계급(계층), 성별(젠더) 등에 따라 사람들은 각기 다른 경험을 했다. 이러한 차이를 염두에 두지 않으면 민족·국가 중심의 역사서술은 자칫 지배층 남성만의 이야기가 되어 버릴 수 있다. 이 책에서 다룬 '내선결혼'에서는 민족, 계층, 성별이 모두 만난다. 일본인과 조선인, 왕공족과 노동자·성매매 여성, 남성과 여성 등, 각각의 요소가 어떻게 맞물리는지에 따라 서로 다른 삶의 모습을 보여 준다. 또한 개인의 삶은 국가 정책의 영향을 받으면서도 일방적으로 휘둘리지 않는다. 오히려 국가의 의도를 뛰어넘어서 정책의 방향을 바꾸는 역동성을 보여 주기도 한다. '내선결혼' 이야기를 통해 다양하고 총체적인 관점에서 역사를 보는 시야를 얻었다면 좋겠다.

둘째, '내선결혼' 이야기는 현재의 우리를 돌아보게 한다. 한국인 가운데 일제의 동화정책을 좋은 것이었다고 생각하는 사람은 없을 것이다. 그렇다면 동화정책은 왜 나쁠까? 물론 조선인에게 조선인이라는 정체성을 버리고 일본어와 일본 문화를 강요했기 때문이다. 그런데 혹시 우리는 타인에게 동화를 강요한 적이 없을까? 앞에서 이미 '남편을 따라 조선사람이 된' 일본인 여성을 환영하는 1926년 『동아일보』 기사를 소개했다. 기자는 조선인 남성과 결혼한 일본인 여성이 일본의 언어와 생활 문화를 바꾸지 않는 것이 불만이었다. 일종의 동화를 추구하는 시각이다. 다만 이때는 일본의 동화정책 강요에 대항하는 성격이 강하다.

하지만 상황이 바뀐 해방 이후에도 마찬가지였다. 단일민족이라는 '사실'을 토대로 민족의 우수성을 주장하고 국민적 단결을 호소하면서 그에 속하기 어려운 사람은 이방인으로 취급했다. 대한민국은 혼혈 아동을 해외 입양 보내서 1970~1980년대 '아기 수출국'이라는 오명을 받았다.

2000년대 결혼이민이 증가하며 '다문화가족' 지원 정책도 생겨났지만 이들을 하나의 소수 집단으로 규정하고 한국 사회에 적응시키는 데 초점이 있다는 비판도 적지 않다. 배출과 통합이라는 서로 다른 방향을 보이지만, 둘 다 국내 거주자의 동질성·순수성을 보호하는 방법이다. 현대 사회에서 진정한 다문화주의를 실현하려면 이질적인 여러 형태의 문화를 대등하게 인정하고 서로 공존할 수 있도록 열린 마음을 가져야 할 것이다. 일제시기 동화정책을 강요당한 경험이 우리의 동질성을 강화하는 방향이 아니라 차이를 존중하는 방향으로 나아가길 바란다.

셋째, '내선결혼'에 한정된 것은 아니지만 일본에 식민 지배의 책임을 묻고 과거사를 청산하는 과정에 한·일 양국 시민의 상호 이해와 협력이 필요함을 강조하고 싶다. 조선인 아버지와 일본인 어머니 밑에서 태어난 공생복지재단 윤기(尹基) 회장을 단서로 살펴보자. 어머니 다우치 지즈코(田內千鶴子)는 한국전쟁 중 남편이 행방불명되자 한국인 '윤학자(尹鶴子)'로서 목포에서 보육원인 공생원(共生院)을 꾸려 갔다. 아들도 한국인 '윤기'로 자랐는데, 그는 대학생이 될 무렵에서야 자신이 법적으로 일본인 '다우치 모토이(田內基)'라는 사실을 알았다. 한국인 정체성을 가신 일본 국민 윤기/다우치 모토이는 어느 한쪽에 치우치지 않고, 어머니를 이어 공생원을 운영하면서 한일 양국을 잇는 다리 역할을 했다. 특히 1980년대 일본에 재일조선인을 위한 양로원 '고향의 집'을 건설하기 위해서 식민 지배 책임을 느끼는 일본인의 양심에 호소했다. 그러자 많은 일본인이 식민 지배에 사과하고 속죄하는 마음을 편지에 담아 후원금을 보내고 자원봉사에 나섰다. 냉전 체제에서 한·일 정부가 식민 지배 문제를 덮어 두고 관계를 개선하는 데만 급급할 때도, 양국의 시민들은 역사적 진실을 밝히고 정부가 책임 있게 나서도록 압박했다. 현재 쟁점이 되어 있는 일본군 '위안부' 문제나 강제동원 피해자 배상 문제에도 시민들이 힘을 모아 왔다. 양국의 시민이 국적에 사로잡혀 서로를 이유 없이 적대하거나 혐오하지 않고, 과거를 직시하며 현재의 문제를 함께 풀어 갈 때 미래의 바람직한 한·일 관계도 기대할 수 있을 것이다.

윤치호와 다우치 지즈코의 아들 윤기의 회고

… 일본말도 모르고 친구도 모두 한국인뿐인데, 한국 음식만 먹고, 이 강산 밖으로 나가 본 적도 없는 내가 왜, 어째서 일본인이란 말인가? 어머니가 일본인이기 때문에? 하지만 내 아버지는 엄연히 한국인 아닌가. … 저를 한국인으로 키워 주셔서 감사합니다. 만약 제가 어렸을 때 일본인이란 사실을 말해주셨다면 아마도 저는 일본 하늘만 쳐다보며 일본에 갈 궁리만 했을 겁니다. … 어머니, 이젠 괜찮아요. 안심하세요. 기(基)는 기로 살아갈 겁니다. … 제 국적은 종이 한 장에 지나지 않아요. 서류 이상의 그 어떤 의미도 없습니다.

출처: 윤기·윤문지, 『어머니는 바보야』, 홍성사, 2006(초판 1985), 98-99쪽

'고향의 집' 건립 운동에 참여한 일본인 기쿠치 사치코의 편지

… 저의 아버지는 신슈이다에서 외과의원을 1919년에 시작했습니다. … 저는 초등학생이어서 아버지의 병원에는 무관심이었나 봅니다만, 너무나도 치명적인 상처를 입은 조선인이 들것에 실려 오는 일이 많았으며, … 저도 '왜, 조선인만 큰 상처를 입지? 상당히 느림보인가 봐'라고 생각한 적이 있습니다. 그때 아버지는 "느림보라서 그러는 게 아냐. 발파 작업 같은 위험한 일은 일본인을 쓰지 않기 때문이지. 부상을 당하면, 합숙소 반장은 모른 척해 버린단 말이야"라고 하셨습니다. 저는 처음으로 그런 말을 듣고, 어린 마음에도 그 불합리성에 충격을 받아 마음속 깊이 그 일을 새기게 되었습니다. …

저의 학교는 메지로 여자대학이었습니다. 기독교를 기반으로 하고 있어, 일상

의 행사에는 기독교 색채가 농후했습니다. 그때 저는 17살, 처음으로 정치, 국가, 권력, 타 민족에 대한 침략, 소위 인종 격리 정책 등에 대해서 알게 된 것입니다.

학교를 졸업한 후, 가마쿠라에 친구와 함께 합숙을 갔는데, 양동이가 분실되었던 적이 있습니다. 근처 농부가 "저놈들이다"라고 가르쳐주어 찾으러 갔더니, 30대의 험악한 표정의 남자가 "뭐? 양동이 돌려달라고? 너희들 일본 놈들은 조선 땅을 훔쳤어. 양동이 하나 훔친 게 뭐가 나빠?"라고 고함을 쳤습니다. 저는 "미안해요"라고 기어들어 가는 소리로 사과했습니다. 이런 일이 겹치고 겹쳐, 저는 조선인에 대해서는 정말로 뭐라 할 수 없는 책임의식 같은 것을 느끼고 있습니다. …

이것만으로 도중에 끝낼 수는 없습니다. 살아 있는 동안에는 계속할 생각입니다.

출처: 윤기, 『김치와 우메보시』, 예·지, 2001, 219-221쪽

참고문헌

김응렬, 「재한일본인 처의 생활사」, 『한국학연구』 8, 1996.

김종욱, 「식민지시기 조선으로 이주한 일본인 처들의 인물사진 연구」, 경주대학교 산업경영대학원 석사학위논문, 2008.

니이야 도시유키, 「한국으로 '시집온' 일본인 부인」, 서울대학교 인류학과 석사학위논문, 2000.

오오야 치히로, 「잡지 『內鮮一體』에 나타난 내선결혼의 양상 연구」, 연세대학교 국어국문학과 석사학위논문, 2006.

와타나베 아쓰요, 「일제하 조선에서 내선결혼의 정책적 전개와 실태: 1910-20년대를 중심으로」, 서울대학교 국제대학원 한국학전공 석사학위논문, 2004.

이정선, 『동화와 배제: 일제의 동화정책과 내선결혼』, 역사비평사, 2017.

_____, 「탈식민 국가의 '국민' 경계: '내선결혼' 가족의 법적 지위를 중심으로」, 『'성'스러운 국민』, 서해문집, 2017.

최석영, 「식민지 시기 '내선결혼' 장려 문제」, 『일본학연보』 9, 2000.

최유리, 「일제하 통혼정책과 여성의 지위」, 『국사관논총』 83, 1999.

카세타니 토모오, 「재한일본인 처의 형성과 생활적응에 관한 연구」, 고려대학교 사회학과 석사학위논문, 1994.

金英達, 「日本の朝鮮統治下における「通婚」と「混血」」, 『關西大學人權問題研究室紀要』 39, 1999.

鈴木裕子, 『從軍慰安婦・內鮮結婚』, 東京: 未來社, 1992.

찾아보기

ㄱ

가네코 후미코 48, 49
가부장제 55, 56
간통 66, 71
강제동원 84, 90, 92, 97, 104
경제대공황 71, 83
강제병합 8, 16, 18, 37, 80, 95, 96
고종 8, 38
공통법 19, 20, 21, 24
관통첩 제240호 19, 63, 65
국민총력조선연맹 28, 33
국적 11, 18, 20, 21, 95, 98, 99, 104
국적법 20, 21, 98, 99
김두용 48
김문보 54
김윤정 24, 25
김현태 55

ㄴ

남편 살해 66
내대공혼 55
내선연애 59, 60, 61
내선융화 23, 24, 25, 27, 32, 38, 49, 50, 83
내선일체 27, 28, 29, 30, 31, 32, 33, 34, 38, 49, 80, 84, 91, 92, 93
내선혼혈 88, 90
내연 25, 85, 91, 96, 97
노다 이치오 88

ㄷ

다우치 지즈코(윤학자) 103, 104
단군 99, 101
단일민족 99, 100, 102
대만 10, 14, 52, 55, 56, 77
덕혜옹주 38
『독립신문』 10, 12
동거 39, 42, 68, 71, 81, 96, 97
『동아일보』 24, 25, 47, 52, 49, 53, 59, 71, 72, 102
동화정책 9, 13, 14, 16, 23, 31, 50, 80, 92, 93, 98, 99, 102
동화주의 13, 14

ㅁ

『매일신보』 10, 19, 24, 28, 36, 42, 52, 53, 55, 60
문명기 42
미군정 95, 96, 97
미즈시마 하루오 77, 78, 88

107

민원식 46, 47
민적 18, 19, 21, 64, 65, 102
민적법 18, 25
민족 차별 9, 10, 11, 14, 19, 20, 21,
　　30, 31, 32, 33, 70, 76, 77, 80
민족반역자 99, 100

• ㅂ •

박열 48, 49
백인종 14, 77, 90
법률혼 63, 66, 83, 91, 97
본처 37, 42, 69, 70, 96
부계 혈통 99
『부산일보』 59, 65, 69
부일협력자 97

• ㅅ •

생활양식 28, 34, 80
서양자 입양 43, 45, 65, 84, 96, 97
서자녀 65
성매매 42, 66, 102
성범죄 71, 72
순수성 92, 103
신응희 36, 37
『신한민보』 10, 29

• ㅇ •

안상호 52, 53, 54, 55

양근환 46, 47, 49
연애 24, 26, 28, 58, 61, 62, 67, 93
왕공족 37, 38, 102
우생학 87, 93
윤기(다우치 모토이) 103, 104, 105
이건 38
이규완 36, 37
이금자 76, 77
이와시로 기누코(이금자) 76
이은(영친왕) 8, 9, 10, 12, 23, 38, 52,
　　82
이인직 42, 43
이혼 33, 65, 69
인종 14, 70, 77, 78, 88, 90, 93, 94,
　　102, 105
인종차별주의 14, 87
인지(認知) 66, 67
일본 정부 18, 19, 20, 21, 33, 64, 80,
　　83, 84, 87, 88, 93
일본인화 24, 28, 31, 33, 50, 52, 53,
　　54, 55, 80, 90, 92
입부혼인 22, 43, 84, 91, 96, 97
입적 20, 61, 85

• ㅈ •

잡혼 51, 91, 93, 94
재산 44, 68, 69, 70, 71, 95, 96, 97
정체성 74, 77, 99, 102, 103

조선 귀족 37, 55
조선인화 54, 55, 92
조선총독부 10, 18, 19, 20, 21, 23, 24, 25, 27, 28, 32, 33, 47, 50, 53, 58, 59, 63, 72, 74, 80, 81, 82, 83, 85, 90
조선총독부령 제99호 21, 24, 47, 64, 82
조선총독부 시국대책조사회 32
조중응 36, 37, 39, 42, 50, 52, 54, 55
『중외일보』 74, 76
중일전쟁 27, 80, 83
중추원 32
중혼 63, 65, 91

• ㅊ •

창씨개명 28, 91
첩 37, 42, 44, 65, 66, 69, 91, 92, 96
최쇠돌 64, 65
친일파 12, 31, 42, 47, 50, 97, 98, 100

• ㅌ •

통계 81, 82, 83, 84, 85
통혼 13, 14, 15, 24, 25, 28, 32, 33, 34, 56, 90, 92, 93

• ㅎ •

한국병합조약 8, 16, 37, 39
현영섭 31, 33
호적 15, 16, 18, 20, 21, 31, 34, 43, 45, 64, 65, 96, 97, 99
혼외 자녀 19
혼인 신고 48, 59, 60, 63, 64, 65, 80, 81, 83, 84, 85, 90, 96
혼혈 74, 75, 76, 77, 78, 85, 87, 88, 90, 91, 92, 93, 94, 102
황국신민 28, 30, 84
황인종 14
후생성 87, 90, 91, 92, 93

3·1운동 23, 46, 50

일제침탈사 바로알기 19
'동화'라는 양날의 검 – 일제강점기 '내선결혼' 정책과 그 실상

초판 1쇄 발행　2023년 7월 20일

지은이　　이정선
펴낸이　　이영호
펴낸곳　　동북아역사재단

등 록　　제312-2004-050호(2004년 10월 18일)
주 소　　서울시 서대문구 통일로 81 NH농협생명빌딩
전 화　　02-2012-6065
홈페이지　www.nahf.or.kr
제작·인쇄　(주)동국문화

ISBN　　978-89-6187-846-3 (04910)
　　　　　978-89-6187-482-3 (세트)

- 이 책은 저작권법으로 보호를 받는 저작물이므로 어떤 형태나 어떤 방법으로도 무단전제와 무단복제를 금합니다.
- 책값은 뒤표지에 있습니다. 잘못된 책은 바꾸어 드립니다.